COMO NUESTRO PADRE

CÓMO ES LA PATERNIDAD DE DIOS Y POR QUÉ ES IMPORTANTE EN LA CRIANZA DE NUESTROS HIJOS

CHRISTINA FOX

Publicado por
Unilit
Medley, FL 33166

Primera edición 2024

Título del original en inglés:
Like Our Father
Publicado por *Moody Publishers*

Publicado en asociación con Don Gates, THE GATES GROUP-www.the-gates-group.com.

Una versión de la sección «Nuestro Padre inmutable» se publicó con anterioridad en el sitio web de la autora, christinafox.com.

Traducción: *Concepción Ramos*
Edición: *Nancy Pineda*
Diseño de cubierta: *Erik M. Peterson*
Diseño de interior: *Kaylee Dunn*
Maquetación: *www.produccioneditorial.com*

Producto: 495972

ISBN: 0-7899-2667-9 / 978-0-7899-2667-8

Categoría: *Vida cristiana / Relaciones / Crianza de los hijos*
Category: *Christian Living / Relationships / Parenting*

Impreso en Colombia
Printed in Colombia

En *Como nuestro Padre,* Cristina Fox anima y prepara a los padres en la gloriosa tarea de guiar a los hijos a conocer y amar a Dios. Cada capítulo tiene un ritmo: principios bíblicos extraídos directamente de la Escritura, que conducen a la reflexión sobre cómo esos principios conforman nuestra práctica, lo que lleva a la aplicación de dichos principios a verdaderos desafíos. Los capítulos cierran con preguntas para un mayor análisis, y una oración útil a la luz del carácter de Dios. Antes de sumergirte en el océano de las guías prácticas, lee este libro que te recuerda Quién cría a tus hijos contigo.

Stephen T. Estock
Coordinador, *PCA Discipleship Ministries* (CDM)

Cristina Fox es madre sabia, dotada consejera y querida amiga. Cada vez que tomo en mis manos uno de sus libros, sé que estará lleno de enseñanza bíblica sólida y aplicación práctica que ha ayudado a tantos de sus lectores a través de los años. Si eres padre y buscas aprender de nuestro Padre perfecto y celestial, Christina Fox es una compañera confiable y mentora útil.

Megan Hill
Editora de *The Gospel Coalition*; autora de *Patience: Waiting with Hope*

Padre nuestro, que estás en los cielos, ¡ayúdame a criar a estos niños! Todo padre sabe que para criar hijos sanos, amados y maduros en lo espiritual, necesitamos un *coach* en paternidad. En *Como nuestro Padre,* Christina Fox nos recuerda que ya lo tenemos: ¡Nuestro Padre celestial! Cuando termines este libro, saldrás con un sentido renovado de respeto por la manera amorosa con la que Dios ha cuidado de ti y por la profunda sabiduría que te ha dado para ayudarte a criar a tus hijos arraigados en su amor. Este es un libro de crianza de los hijos que leeré una y otra vez.

Erin Davis
Escritora, maestra de estudios bíblicos y madre de cuatro varones

Christina Fox no solo ofrece un manual práctico de «cómo» criar a los hijos, sino que pinta un hermoso cuadro de cómo nuestro Padre celestial nos educa a nosotros, al formarnos poco a poco para convertirnos en un conducto de su amor y gracia a medida que aprendemos a criar a nuestros propios hijos con la fuerza de Él. Deja la pesada carga de tener que saber «cómo» ser el padre o la madre que anhelas ser y sumérgete en las páginas de este libro, que elevará tus ojos para conocer y descansar en Aquel que tiene todo lo que necesitas.

Sarah Walton
Coautora de *Esperanza en medio del dolor* y *Juntos a través de las tormentas*

Este libro sobrepasa todas las guías acerca de cómo criar a los hijos y nos da sabiduría práctica para educar a los niños con la verdad del evangelio. Christina Fox nos señala fielmente al padre perfecto: Dios mismo. Prepárate para ver lo que significa imitar a nuestro amante Padre y proclamarles a su amado Hijo a nuestros hijos, dependiendo por completo de su gracia abundante.

Bárbara Reaoch
Autora; ex directora de la división infantil de *Bible Study Fellowship International*

En un mundo lleno de estrategias y perspectivas que no satisfacen, *Como nuestro Padre* nos invita a descubrir «por qué» criar a los hijos en vez de «cómo». Entender la gloria multidimensional de Dios como Padre le da forma tanto al padre como al hijo para lograr el objetivo supremo de la crianza: conformarnos mejor a la imagen de Dios.

Karen Hodge
Coordinadora de los ministerios de mujeres de la Iglesia Presbiteriana de Estados Unidos (PCA, por sus siglas en inglés) y autora de *Life-taker to Life-giver* y *Life-giving Leadership*

En pocas palabras, *Como nuestro Padre* es un excelente recurso para los padres que quieren entender cómo nuestra posición de hijos adoptivos de Dios nos ayuda a criar a nuestros propios hijos. Al invitarnos a experimentar cómo Dios es nuestro padre y demostrarnos después la forma en que nuestra condición de hijos influye en la crianza de nuestros hijos, Fox les enseña a los lectores cómo reflejar el amor paternal de Dios en nuestra familia. Los padres se enamorarán de manera más profunda de nuestro Padre celestial y de los hijos que, en su bondad, nos dio para criar.

Anna Meade Harris
Editora en jefe, blog *Rooted Ministry,* y copresentadora de *Rooted Parent Podcast*

A mis padres,

quienes me presentaron a mi Padre celestial.

CONTENIDO

INTRODUCCIÓN

Todavía recuerdo el día en el que trajimos a nuestro primer hijo del hospital. Tenía cinco días y ya había tenido un parto difícil tras un huracán de categoría 3 que paralizó nuestra ciudad costera. Tuve complicaciones después de su nacimiento, por lo que nos quedamos en el hospital dañado por la tormenta unos días más mientras ambos nos sometíamos a pruebas y visitas de múltiples especialistas. Amigos y familiares vinieron de visita y nos informaron sobre los destrozos que dejó el huracán Jeanne a su paso.

La mañana cuando la enfermera vino y me dijo que estaba lista para que me dieran el alta, casi que grité: «¿Quién lo dice?». Esos primeros días como madre ya me habían dejado sentirme como una fracasada; ¿qué pasaría después que nos liberaran de la seguridad del hospital donde los empleados capaces aparecían con solo apretar un botón? ¿No sería más seguro quedarnos allí?

Con mucho cuidado, mi esposo puso a nuestro hijo de casi cuatro kilos y medio en su portabebés azul a cuadros por primera vez y lo aseguró. Mientras caminábamos por el pasillo hacia el ascensor, me di la vuelta una y otra vez, esperando que una enfermera viniera corriendo por el pasillo para darnos las últimas instrucciones para el despegue. No vino nadie. Nos fuimos sin nada más que la firme promesa de la enfermera que nos haría un seguimiento en unos días.

Llegamos a casa solo para encontrar un patio lleno de los escombros de la tormenta y una sala con montones de cajas, repletas de nuestras pertenencias más importantes que trajimos con nosotros cuando buscamos refugio durante el huracán. Nuestra casa, desordenada y caótica, reflejaba la manera en que me sentía: como si todo se hubiera puesto patas arriba.

Miré a mi pequeño y luego a mi esposo. «¿Y ahora qué?», le pregunté.

Me hice la pregunta que la mayoría de nosotros nos hacemos cuando somos padres por primera vez: ¿Qué hacemos ahora? ¿Cómo *nos la arreglamos en esto de ser padres?*

Durante las primeras semanas (bueno, meses), nos enfocamos en sobrevivir. Éramos como ciegos tropezando en un terreno incierto. Todo era nuevo, temeroso e incierto. Extendíamos la mano para agarrar cualquier cosa que pudiéramos encontrar que nos guiara en esa oscuridad. Teníamos muchas preguntas, muchas de las cuales quedaron sin respuesta.

Lo que más quería era que alguien viniera y me escribiera un plan que pudiera seguir paso por paso. Aunque había recursos útiles a mi disposición, me sentía insegura. A menudo miraba a mi hijo y me preguntaba: *¿Lo estoy haciendo bien?*

Hoy en día, nuestros hijos son mayores (¡y mucho más altos que yo!), pero nuestras preguntas sobre la crianza continúan. A veces los años de la adolescencia son peores que los días de recién nacidos. A menudo, la crianza de los hijos se siente como si un ciego guiara a otro ciego. Todavía nos preguntamos: ¿Qué debemos hacer? ¿Debemos decir sí a esta petición o no a aquella? ¿Cómo respondemos a esta situación? ¿Cómo ayudamos a nuestro adolescente a superar este desafío? En realidad, suele haber más preguntas que respuestas.

Todo padre tiene preguntas, y este libro lidia con esas preguntas que nos hacemos como padres; pero como pronto verás, su enfoque está en una muy importante y fundamental. Una que nos ayuda a darle forma a la respuesta que les demos a todas las otras. Por esa razón, este libro es diferente a muchos otros libros para padres.

Un libro diferente acerca de la crianza de los hijos

No sé tú, pero yo tengo al menos una docena de libros sobre paternidad en mis estanterías, y he leído muchos más. Quizá tú también. Cada uno de estos libros ofrece métodos y soluciones a los desafíos de la crianza de los hijos. Promueven formas específicas de hacerlo en diferentes edades y etapas. Incluyen reglas, listas y anécdotas. Todos procuran darnos información sobre este club misterioso al que pertenecemos de pronto cuando nos ponen a nuestro hijo en los brazos en el hospital, o en el tribunal, en caso de adopción.

Algunos de estos libros los escribieron padres con experiencia que descubrieron un método eficaz para sus tres hijos y quieren mostrárnoslos, pues al fin y al cabo, si a ellos les dio resultado, ¡seguro que a nosotros también! Muchos los escribieron profesionales y expertos en crianza cuya forma de ver el mundo es muy diferente a la nuestra, y nos encontramos tratando de escarbar la maleza de entre las páginas para encontrar lo que nos es útil mientras que desechamos lo que no lo es. Otros los escribieron profesionales médicos que nos asustan con estadísticas y advertencias, pero que nos dan muy poco ánimo.

Este libro es diferente debido a que no es una guía de cómo hacer las cosas. No tiene diez pasos a seguir. No tiene una lista de las diferentes maneras de lograr que tu hijo deje de hacer algo. Eso se debe a que este libro no tiene que ver con técnicas, estrategias ni métodos. No soy gurú de la crianza. Ni siquiera tengo un método personal que he usado y quiero enseñártelo. Este es un libro que trata de quién es Dios, quiénes somos nosotros y cómo esto le da forma a la crianza de nuestros hijos.

Qué puedes esperar

Entonces, ¿qué puedes esperar de este libro? Puedes esperar aprender acerca de Dios y de ti mismo. Puedes esperar reflexionar sobre tu relación con Dios y lo que significa para ti que Él sea tu Padre. Puedes esperar aliento del evangelio. Puedes esperar que, cuando cierres el libro al final, sientas la frescura de las verdades gloriosas de cómo Dios obra en tu vida. Y puedes esperar ánimo y sabiduría al poner en tus hijos la imagen de Dios.

Más en concreto: El capítulo 1 hace hincapié en cómo nos crearon para reflejar la imagen de Dios y lo que esto significa para nosotros en términos de quiénes somos y cuál es nuestro propósito en la vida. El capítulo 2 mira a nuestra adopción como hijos en la familia de Dios y el gran privilegio que es llamar «Padre» a Dios. Los capítulos restantes analizan formas específicas de crianza de Dios y de qué manera, como portadores de su imagen, nosotros podemos hacer lo mismo al criar a nuestros hijos.

Veremos la coherencia de Dios en su forma de relacionarse con nosotros y lo que significa imitar a Dios en nuestra constancia con nuestros hijos. Veremos los límites y las barreras que Dios nos pone, y lo que esto significa para los límites que ponemos en nuestro hogar. Veremos cómo Dios nos enseña, nos disciplina y provee, y lo que esto significa en nuestra manera de criar a nuestros hijos. También analizaremos el amor y la paciencia de Dios para con nosotros y cómo les transmitimos esas características a nuestros hijos.

Al final de cada capítulo, encontrarás preguntas de análisis para uso personal o en grupo. Considera la posibilidad de reunirte con un amigo que esté muy involucrado en la crianza de los hijos y comentar juntos cada capítulo. Reúnete con un mentor, alguien que haya avanzado más en el camino de la paternidad, y conversen acerca de lo aprendido. Comenta el libro en un grupo pequeño con otros padres.

Como padre, acompáñame a dejar a un lado todas nuestras preguntas prácticas sobre la crianza de los hijos y consideremos la pregunta fundamental: ¿Quién?

1

A IMAGEN DE DIOS

¿Cuál es tu pregunta más apremiante sobre la paternidad en este momento? Sea cual sea la edad y la etapa en la que se encuentre tu hijo, lo más probable es que tengas una pregunta en mente. Una pregunta que te atormenta durante todo el día. Una pregunta sobre qué hacer y cómo hacerlo. Una pregunta sobre a qué decir que sí y a qué decir que no. Si no sabes la respuesta, es probable que te sientas frustrado e impotente.

No sé tú, pero yo he tenido preguntas acerca de la crianza de mis hijos desde que nació el primero. Dieciséis años después, esas preguntas continúan. Cambian según la edad y la etapa, la situación y las circunstancias, y hasta lo que pasa en el mundo que me rodea en ese momento. A menudo, he querido que alguien venga y me diga qué hacer.

Quizá te puedas identificar con algunas de estas preguntas:

- ¿Cuándo debo esperar que mi bebé gatee, camine, hable o ________?
- ¿Cómo consigo que mi bebé duerma toda la noche?
- ¿Qué hago cuando mi hijo no quiere hacer ________?
- ¿Cómo hablo con mi hijo sobre ________?
- ¿Cómo ayudo a mi hijo a entablar amistades?
- ¿Cómo le enseño a mi hijo a ________?
- ¿Debo permitirle a mi hijo que ________, escuche ________, vea ________?

Todos los padres tienen preguntas sobre la educación de sus hijos. Una vez tuve un trabajo como consejera para familias en crisis. Una de mis tareas principales era reunirme con las familias en sus hogares, observar las interacciones de los padres con sus hijos y enseñarles técnicas de crianza.

Durante nuestras primeras sesiones, me gustaba ayudar a estos padres a crear una base sobre la cual pudieran edificar su crianza. Quería que reflexionaran en su propósito y sus objetivos como padres. Quería ayudarles a ver el panorama general antes de centrarnos en los detalles específicos.

Lo que pronto descubrí fue que la mayoría de los padres no querían ver el panorama completo. Querían que les ayudara a enfrentar el problema de inmediato. A menudo me decían cosas como: «Solo dime qué hacer cuando mi hijo dice ________ o hace ________». O: «Dime cómo puedo hacer que mi hija deje de ______». Querían que les contestara su pregunta más apremiante: ¿Cómo?

Pasaron varios años. Tuve mi primer hijo y me encontré hojeando las páginas de libros para padres en la librería, preguntándome lo mismo que esos padres me preguntaron una vez: «¿Cómo consigo que mi bebé duerma por períodos más prolongados?». «¿Cómo logro que mi pequeñito no toque cosas que puedan lastimarlo?». «¿Cómo lidio con los conflictos con sus amiguitos de juego?». Y lo más importante: «¿Cómo mantengo la paciencia en todo este caos?».

Aunque casi todo en la vida parece venir con un manual de instrucciones, nuestros hijos no. Esto no significa que la gente no haya tratado de escribirlos. Las librerías están llenas de libros así. Hay revistas que se enfocan por completo en la crianza de los hijos. Busca en línea y encontrarás incontables blogs que nos dan listas como «Diez formas de hacer que tus niños se coman los vegetales» o «Tres pasos para hacer que tu hijo recoja lo que riega». Los conoces. Haces clic con expectativa, sigues los pasos palabra por palabra, solo para descubrir que la solución no dio resultado con tu hijo. O quizá ayudara con un niño, pero no con otro. O tal vez tu hijo respondió positivamente primero, pero luego el método se desplomó y estás de nuevo en la línea de salida.

Quizá abrieras tu Biblia esperando ayuda para criar a tus hijos, pero no has encontrado nada en la forma de instrucción paso a paso. No parece haber respuesta al «cómo» de criar a los hijos. Interesante, ¿verdad? Aunque nos gustaría, no podemos abrir la Biblia esperando encontrar un versículo o un pasaje que diga: «Cuando tu hijo solo quiera comer trocitos de pollo rebozados tres veces al día, haz estas tres cosas: ________». O: «Cuando a tu hijo le cueste hacer amigos en la escuela, haz estas tres cosas». O: «Dos pasos para conseguir que tu hijo diga por favor y gracias». Lo mismo sucede con muchas cosas en la vida, incluso preguntas acerca del empleo, del matrimonio y del futuro. Eso es porque la Biblia no es una guía paso a paso

La Biblia no es una guía paso a paso para vivir la vida. Es la historia de la redención de Dios para su pueblo.

para vivir la vida. Es la historia de la redención de Dios para su pueblo. Es la historia de quién es Dios y lo que hizo por nosotros en Cristo.

Sin embargo, ¡no te desesperes! La Palabra de Dios tiene cosas que enseñarnos como padres. Quizá la Biblia no conteste el «cómo», pero sí nos da el «quién». La Palabra de Dios nos enseña quién es Él y quiénes somos nosotros, y ambas verdades producen un impacto significativo en nuestra manera de criar a nuestros hijos. Aunque la Biblia no te dé pasos y procedimientos a seguir, nos señala las verdades que pueden darle forma a nuestro estilo de crianza.

Empecemos a explorar esta pregunta de «quién» volviendo al principio, al libro del Génesis. Allí nos haremos una idea de quién es Dios y quiénes somos nosotros.

En el principio

«En el principio, Dios creó» (Génesis 1:1, NTV).

Como el primer libro de la Biblia, Génesis sienta los cimientos para todo lo que le sigue. El nombre lo dice, pues la palabra génesis significa «comienzo», y el libro narra cómo se creó todo. Moisés escribió los primeros cinco libros de la Biblia para instruir a Israel acerca de cómo Dios los rescató de la esclavitud en Egipto. Habían estado en esclavitud durante cuatrocientos años, viviendo en una tierra gobernada por faraones y llena de ídolos de miles de dioses. No solo necesitaban saber quién era Dios, sino quiénes eran ellos también.

Génesis 1 y 2 relatan la historia de la creación: cómo Dios creó este mundo, lo llenó de vida y puso a la humanidad en él. Génesis 1:3 nos dice que Dios solo dijo: «Sea la luz», y la luz apareció; Él habló y allí estaba. Cuando entramos a una habitación oscura, nosotros tenemos que presionar el interruptor de la luz antes de que se encienda la lámpara. Sin embargo, Dios, el Hacedor, habla y toda la vida aparece *ex nihilo*, de la nada. Estos versículos iniciales del Génesis son fundamentales para comprender quién es Dios: Él es el Creador y sustentador de todas las cosas; Él es la causa primera de nuestra existencia. Nosotros somos sus criaturas y dependemos de Él.

El relato de la creación nos cuenta cómo Dios le dio forma a la tierra y, luego, la llenó de plantas como hierba, árboles y flores, y de criaturas como peces, pájaros y osos. La Biblia nos dice que las plantas y los árboles debían dar más semillas y más plantas «según su género» (1:11). También nos dice que Dios creó los peces, las aves y otros animales «según su género» (1:21). Entonces, Dios miró su creación y la llamó *buena*.

A continuación, la Biblia nos habla de la creación del ser humano. Este relato destaca del resto de la historia de la creación como algo especial y diferente:

> Y dijo Dios: Hagamos al hombre a nuestra imagen, conforme a nuestra semejanza; y ejerza dominio sobre los peces del mar, sobre las aves del cielo, sobre los ganados, sobre toda la tierra, y sobre todo reptil que se arrastra sobre la tierra. Creó, pues, Dios al hombre a imagen suya, a imagen de Dios lo creó; varón y hembra los creó. (Génesis 1:26-27)

La humanidad se destaca aparte de todo lo demás que Dios hizo, pues a diferencia del resto de la creación, nosotros no fuimos creados según la especie de un animal, sino a la imagen de Dios, el *imago Dei*.

Este pasaje es significativo debido a que nos habla de nuestra dignidad y valor inherentes. Como escribió el salmista: «Porque tú formaste mis entrañas; me hiciste en el seno de mi madre. Te alabaré, porque asombrosa y maravillosamente he sido hecho» (Salmo 139:13-14). Dios nos formó con sus propias manos y *a* su imagen, nos marcó como significativos, no por lo que un día llegaríamos a ser, sino por quién es nuestro Hacedor. Cada vida humana tiene valor porque todos reflejamos la imagen de Dios.

A imagen de Dios

Entonces, ¿qué significa ser hechos a imagen de Dios?[1] ¿Qué significa ser creados a su semejanza? En primer lugar, nos crearon como hijos de Dios. En el Evangelio de Lucas, se habla de Adán como hijo de Dios (Lucas 3:38). Sinclair Ferguson señala que ser hijos de Dios y ser hechos a su imagen son términos intercambiables; son sinónimos[2]. Escribe: «Si deseamos comprender lo que el hombre debe ser, debemos pensar en él como hijo de Dios. Si, por el contrario, nos preguntamos lo que significa ser hijo de Dios, la respuesta debe encontrarse en términos de ser imagen y semejanza de Dios»[3]. Al final, vemos la imagen de Dios en la persona de su Hijo, Jesucristo, quien es «la fiel representación de lo que él es» (Hebreos 1:3, NVI®). Cuando queremos saber cómo es ser imagen de Dios, Cristo establece la norma. En el próximo capítulo veremos mejor lo que significa que Dios es nuestro Padre y nosotros sus hijos. En cambio, por ahora, continuemos explorando la importancia de ser portadores de su imagen.

Este pasaje de Génesis nos enseña quiénes somos y cuál es nuestro propósito en esta tierra. Somos hijos e hijas de Dios. Somos portadores de su imagen; nos crearon para ser imagen y reflejo de nuestro Creador. Nos crearon para reflejar a Dios; le señalamos a Él. La luna en el cielo oscuro no tiene luz propia, refleja la luz del sol. De igual manera, nosotros somos la imagen de Dios para el mundo y para nuestros hijos. Como lo dijera el teólogo R.C. Sproul: «La responsabilidad dada a la humanidad en la creación es dar testimonio de la santidad de Dios, llevar su imagen. Fuimos hechos para ser el espejo y el reflejo de la santidad de Dios. Somos hechos para ser sus embajadores»[4].

Además, como hijos de Dios, le glorificamos cuando vivimos para Él. Nos creó y nos sostiene. Nos da vida, aliento y todo lo demás. La autora Hanna Anderson explica que uno de los resultados de portar la imagen de Dios es que le pertenecemos: «Él está atado a nosotros. Al poner en nosotros su imagen, Dios asume un nivel adicional de posesión y responsabilidad con nuestras vidas. Somos su marca, su distintivo»[5]. Glorificamos a Dios cuando vivimos la vida dependiendo de Él, apoyándonos y confiando en Él, en lugar de hacerlo en nosotros mismos. Lo glorificamos cuando le damos las gracias por su bondad y benignidad hacia nosotros. Lo glorificamos cuando Él es lo primero en nuestro corazón, cuando Él es nuestro mayor gozo y deleite.

¿Has mirado el cielo nocturno junto a tu hijo y juntos se han maravillado por la gran cantidad de estrellas que brillan en la oscuridad de la noche? El salmista escribió que los cielos «proclaman la gloria de Dios, y la expansión anuncia la obra de sus manos» (Salmo 19:1). Cuando miramos la creación de Dios, nos maravillamos de su obra y le glorificamos. Al igual que las estrellas en el cielo, glorificamos a Dios cuando hacemos cosas que lo engrandecen. Lo glorificamos cuando mostramos las maravillas de lo que es Él. Lo glorificamos cuando lo adoramos y alabamos por quién es Él y todo lo que ha hecho.

Representación del carácter de Dios

Mucha gente me dice que mi hijo menor es la imagen perfecta de mi esposo, sobre todo cuando miramos fotografías viejas de mi esposo cuando era niño. Con frecuencia bromeamos con él. Mi esposo le dice: «¿Cómo está mi cara hoy?». O: «Mira mi cara. Un día será la tuya». Mi hijo se ríe y acepta ser la versión mini de mi esposo. De esta manera, mi hijo representa a mi esposo. Es como él en términos físicos. También lo refleja en su sentido del humor. Mi esposo y mi hijo a menudo compiten para ver quién es «la persona más cómica» de la familia. (Para ser sincera, ¡yo siempre voto por mi hijo!).

Aunque no te parezcas de manera física a Dios porque Él es espíritu, nuestros cuerpos sí señalan el poder y la maravilla de Dios. Las complejidades de cómo funciona cada parte en conjunto dan fe de la creatividad de nuestro Creador. También reflejamos la imagen de Dios en términos de su carácter y lo que hace. Y al hacerlo cumplimos nuestro propósito y le damos la gloria que se merece. Al glorificarle les mostramos a otros quién es Él. La Biblia nos dice que para esto fue que nos creó Dios: «A todo el que es llamado por mi nombre y a quien he creado para mi gloria, a quien he formado y a quien he hecho»

(Isaías 43:7). Nosotros no hacemos que Dios sea glorioso; ya Él lo es. Más bien, destacamos y exaltamos quién es en carácter, ser y obras cuando reflejamos su imagen en el mundo.

Los atributos incomunicables de Dios

Una de las lecciones que aprendemos del relato de la creación en Génesis es que Dios es el Creador; nosotros somos sus criaturas. Él se mantiene a distancia de nosotros como el que todo lo creó de la nada. Él es el Rey soberano y Gobernante de todo lo que existe. Nada ni nadie se compara con Él. Como escribiera Moisés: «¿Quién como tú entre los dioses, oh SEÑOR? ¿Quién como tú, majestuoso en santidad, temible en las alabanzas, haciendo maravillas?» (Éxodo 15:11).

Cuando consideramos las múltiples maneras en que reflejamos la imagen de Dios en este mundo, debemos separar las características que le pertenecen a Dios solo de las que tenemos en común con Él. Los teólogos se refieren a las características que no tenemos en común con Dios como atributos incomunicables. Son características inherentes a Dios y a su naturaleza divina.

Por ejemplo, nosotros no somos omniscientes. Solo Dios conoce todas las cosas. Como somos seres encarnados, no podemos ser omnipresentes; es decir, estar en todas partes a la vez, como puede estar Dios. Él es todopoderoso, existe por sí mismo y es eterno. Y, como señaló el pastor inglés Arthur Pink, Dios no tiene necesidades.

> Hubo un tiempo [...] cuando Dios, en la unidad de su naturaleza (aunque subsistiendo igualmente en tres

> personas divinas), vivía solo [...]. No había nada, ni nadie, excepto Dios [...]. Durante la eternidad pasada, Dios estaba solo: Completo, autosuficiente, satisfecho de sí mismo y sin necesidad de nada[6].

Esto es difícil de imaginar para nosotros criaturas dependientes. Solo que no podemos entender lo que significa no tener necesidades y ser autosuficientes en nosotros mismos. Nacemos con necesidades y dependemos de otros. ¡Piensa en todo lo que nuestros hijos necesitan que hagamos por ellos! Desde el momento que nacen necesitan que los alimentemos y los vistamos. Les cambiemos los pañales sucios, los llevemos al médico para sus chequeos de rutina, y los llevemos a la cama cuando están cansados. Estamos atentos a sus necesidades de seguridad, los abrochamos bien en el asiento del auto y nos aseguramos de que no puedan alcanzar los artículos peligrosos. Lo hacemos porque ellos no lo pueden hacer por sí solos. Aun así, mientras crecen, todavía dependen de otros. Cuando son adultos y tienen sus propios hogares y empleos, nunca serán autosuficientes por completo. Todavía necesitarán de la sabiduría de otros. Todavía necesitarán ayuda para terminar ciertas tareas. Todavía dependerán de Dios para su sustento diario. Esto ocurre con toda la humanidad, y estas necesidades son las que nos separan de Dios.

Además, los atributos de Dios no tienen límites. Como explicara la autora y maestra bíblica Jen Wilkin: «Todo lo que es cierto acerca de la naturaleza y el carácter de Dios es infinitamente cierto. Él es infinitamente creativo, infinitamente sustentador, ilimitado por el tiempo. Dios no conoce límites en su presencia, conocimiento, poder y autoridad»[7]. En contraste, a nosotros nos limita nuestra humanidad. Nuestro conocimiento de un tema solo se extiende hasta cierto punto. Piensa en todas las preguntas que nos hacen nuestros hijos que comienzan con «por qué», ¡para las que no tenemos respuestas! Estamos limitados por el tiempo y el espacio. Podemos dirigir una casa, una empresa o hasta una nación, pero nuestra autoridad no va más allá. Cuando consideramos los atributos incomunicables de Dios, nos sentimos humildes ante la verdad de que Dios es Dios y nosotros no.

Los atributos comunicables de Dios

Sin embargo, hay muchas características y atributos de Dios que son comunicables a nosotros. Estos son atributos que se originan en Dios y se comparten con nosotros. A lo largo de la Biblia leemos sobre estos atributos, que a menudo se encuentran en instrucciones o mandamientos. Por ejemplo, el apóstol Juan nos enseña que Dios es amor, un atributo esencial de su carácter: «Amados, amémonos unos a otros, porque el amor es de Dios, y todo el que ama es nacido de Dios y conoce a Dios» (1 Juan 4:7). Dios es amor, y cuando amamos a otros reflejamos a Dios. En nuestros actos de amor hacia otros demostramos que conocemos a Dios y somos suyos. Cuando consolamos a nuestra hija después de caerse del columpio en el parque o cuando una compañera de escuela no la ha invitado a la fiesta, le mostramos el amor de Dios.

Cuando inventamos, creamos y resolvemos problemas, reflejamos a Aquel que nos creó. Cuando hablamos la verdad, reflejamos la imagen del Dios de toda verdad. Cuando promovemos la justicia, señalamos al Dios que es perfectamente justo.

Cuando llegamos al trabajo a tiempo y trabajamos con ahínco para nuestro jefe, reflejamos la imagen de Dios que primero trabajó para nosotros. Cuando mostramos paciencia con nuestro hijo cansado y quejoso, reflejamos la paciencia que Dios tiene con nosotros. Cuando colaboramos y nos sacrificamos unos por otros, reflejamos al Dios que mandó a su Hijo como sacrificio por nosotros.

Como portadores de la imagen, glorificamos a Dios cuando hacemos lo que Él hace, cuando le representamos en su carácter, sus obras y sus caminos. Todos los atributos comunicables de Dios están a nuestra disposición. Aun así, sabemos que con frecuencia fracasamos. No amamos a otros como nos ama Dios. No tenemos paciencia con nuestros hijos. No sacrificamos nuestros deseos por las necesidades de otros.

¿Qué le pasó a la imagen de Dios en los seres humanos? ¿Por qué no vive toda la humanidad para la gloria de Dios y es reflejo de Él como hijos suyos en el mundo?

Portadores redimidos de la imagen de Dios

En el capítulo tres de Génesis, Moisés hace una transición de la historia de la creación para explicar cómo llegamos a dónde estamos hoy. Ya no vivimos en el Edén como nuestros padres originales. La humanidad no disfruta de la comunión con Dios al pasear en el huerto al fresco del día como lo hicieron Adán y Eva al principio. Génesis 3 nos dice que nuestros primeros padres cayeron en pecado al comer del árbol del huerto del que se le prohibió comer. Eva le creyó la mentira a Satanás cuando este le preguntó: «¿Conque Dios os ha dicho: "No comeréis de ningún árbol del huerto"»? [...]. Ciertamente no moriréis.

Pues Dios sabe que el día que de él comáis, serán abiertos vuestros ojos y seréis como Dios, conociendo el bien y el mal» (Génesis 3:1, 4-5). Cuando comieron del fruto prohibido, el pecado entró en el mundo y con él la muerte y la decadencia de todas las cosas.

Todo cambió para la humanidad en ese fatídico día. Se maldijo la tierra y, como resultado, obtenemos nuestro alimento con el sudor de nuestra frente. A partir de entonces, el parto traería grandes dolores y todo ser humano nacería con la naturaleza pecaminosa. Se expulsó a la humanidad del huerto y ya no podía estar en la presencia de Dios. Y la imagen de Dios en nosotros se estropeó. Todavía está ahí, pero en vez de vivir para la gloria de Dios, vivimos para la nuestra. Ya no hacemos lo que Dios hace. Buscamos nuestro propio beneficio. Hacemos daño, mentimos, estafamos y robamos. Perdemos la paciencia con nuestros hijos o ponemos nuestros deseos antes que sus necesidades. Pecamos de pensamiento, palabra y obra. Y en vez de encontrar nuestra vida y esperanza en Dios, buscamos dioses falsos y los adoramos.

Sin embargo, no a Dios.

¡Estas son las palabras más importantes del mundo! Así como Dios envió a Moisés para rescatar a su pueblo del faraón, envió a un Redentor para rescatarnos del pecado. Jesucristo, el Hijo eterno de Dios, dejó los salones reales del cielo y vino a la tierra. Se encarnó y cumplió la promesa que les dio a Adán y Eva en Génesis 3:15 de herir a Satanás en la cabeza. Él vino para vencer el pecado viviendo la vida que nosotros no podemos vivir y experimentar la muerte que nosotros merecemos. Él vino para rehacernos, a fin de que podamos ser una vez más un pueblo que pueda vivir su propósito como portadores de su imagen en la tierra. A través de la fe en quién es Jesús y lo que ha hecho por nosotros, somos liberados del pecado y renovados para que podamos vivir nuestras vidas para la gloria de Dios.

Es más, el mismo Espíritu de Cristo vive ahora en nuestros corazones. Él obra en nosotros y a través de nosotros, y nos transforma a la imagen de nuestro Salvador. Él quita lo viejo y crea algo nuevo dentro de nosotros. Somos portadores de una imagen redimida que podemos volver a ser imagen de Dios, tal para lo que nos crearon.

Somos la imagen de Dios para nuestros hijos

Al principio de este capítulo dije que aunque la Biblia no nos conteste el «cómo», sí contesta el «quién». Entonces, ¿quién eres? ¿Quién soy? Es la pregunta más importante que nos hacemos en la vida. La respuesta está ante todo en quién es Dios. Dios es nuestro Creador, Él nos hizo y nos sustenta. Él nos creó con un propósito: reflejar su imagen como hijos suyos en este mundo. Como pecadores salvados por gracia, por medio de la fe, somos portadores redimidos de su imagen. Vivimos para Dios y para su gloria.

Sin embargo, ¿qué tiene que ver todo esto con la crianza de nuestros hijos? ¿Qué tiene que ver nuestro conocimiento de quién es Dios y quiénes somos nosotros como portadores de su imagen con la crianza de nuestros hijos? ¿De qué manera influye la respuesta a «quién» en nuestras preguntas sobre «cómo»?

Por el hecho de ser portadores de su imagen, reflejamos a Dios a los que están a nuestro alrededor. Lo reflejamos a Él cuando hacemos lo que Él hace y mostramos su carácter en nuestra vida. ¿Y a quiénes vemos con más frecuencia en nuestra vida diaria? A nuestros hijos. Como padres, a menudo somos el primer destello de Dios que ven. Con nuestras respuestas y nuestras acciones, les mostramos a nuestros hijos el Dios que los creó y los salvó. Cuando reflejamos los atributos comunicables de Dios, ellos aprenden mejor quién es Dios. Cuando criamos a nuestros hijos como lo hace Dios con nosotros, ellos ven a Dios por medio de nosotros.

Preguntas para discusión

1. ¿Por qué crees que muchas de nuestras preguntas sobre la crianza de nuestros hijos tienen que ver con el «cómo»?

2. ¿Por qué es importante conocer quién es Dios y quiénes somos nosotros?

3. Dedica un tiempo para reflexionar más en quién es Dios. Lee Éxodo 34:6-8; Romanos 11:33-36 y Apocalipsis 4:11. ¿Qué puedes aprender acerca de Él?

4. Lee Salmos 16:11; 27:4 y 42:1-2. ¿Qué descubrió el salmista acerca de Dios?

5. ¿Cómo crees que conocer nuestro propósito como portadores de su imagen puede transformar nuestro diario vivir?

6. Lee 2 Corintios 5:21. ¿Qué hizo Jesús por nosotros? ¿Qué significa esto para nosotros al procurar glorificar a Dios con nuestra vida?

7. ¿Cuáles son algunos atributos de Dios que puedes reflejar hoy mientras que interactúas con tus hijos?

La oración de un padre

Padre celestial, gracias por el regalo de la vida. Tú eres el Creador maravilloso, y todas tus obras son buenas. Ayúdame a comprender el significado de lo que es ser portador de tu imagen en este mundo. Ayúdame a considerar lo que significa reflejar tu imagen a mis hijos. Obra en mí mientras busco glorificarte al criar a mis hijos.

En el nombre de Jesús, amén.

2

DIOS, NUESTRO PADRE

¿Cuál fue la primera palabra que murmuró tu bebé? Todo padre espera con emoción escuchar las primeras palabras de sus hijos. Hasta hay un espacio dedicado para registrarlo en esos libros donde los padres documentan los eventos del primer año de sus hijos.

Una vez que un pequeñito comienza a emitir sonidos, nuestra expectativa aumenta. Cuando la pequeña Emily balbucea y señala algo, nos preguntamos: ¿Estará tratando de decir una palabra? ¿Cuál será? Cuando el pequeño Josh repite una palabra una y otra vez, nos esforzamos por descifrar qué dice con exactitud. Señalamos a varios objetos o personas, y pronunciamos cada palabra con claridad en espera de que imite lo que decimos.

Con mis dos hijos, estaba segura de que su primera palabra sería «mamá» o, al menos, «papá». Entre las primeras palabras más comunes que dicen los niños están «mamá» y «papá»[1]. Con mis dos hijos varones pensé que sería «mamá», puesto que estaban mucho tiempo conmigo cada día; o quizá sería «papá», debido a que se entusiasmaban también cuando lo veían llegar del trabajo. Sin embargo, no fue así con ninguno de los dos. La primera palabra del mayor nos tomó de sorpresa cuando apuntó a un reloj y dijo: «reloj». La primera palabra del menor, que es hoy el atleta de la familia, fue «pelota».

Aunque mis niños no dijeron «mamá» y «papá» enseguida, lo hicieron pronto. Es un momento tierno y dulce escuchar a tu hijo llamarte por tu nombre y que te identifiquen como su padre o madre, que le den voz al hecho de que son tuyos y tú eres suyos, que te llamen cuando te necesitan, cuando se caen y se hacen daño o tienen miedo en medio de la noche. No hay nada como escuchar que tu hijo te llama por nombre. Aunque debo reconocer que a veces, cuando por fin puedes tomar unos minutos de descanso para ir al baño, escuchas de inmediato que alguien grita: «¡Mamá!» o «¡Papá!», ¡es fácil desear que no supieran tu nombre!

Como creyentes llamamos Padre a Dios. Así como nuestros hijos nos piden que les demos de comer cuando tienen hambre, nosotros oramos a nuestro Padre celestial y le pedimos que nos dé nuestro pan diario. Al igual que nuestros hijos nos llaman cuando necesitan ayuda, nosotros clamamos a nuestro Padre para que nos rescate de las tribulaciones. Entonces, ¿cuántas veces nos detenemos para considerar el significado de la paternidad de Dios? ¿Por qué es nuestro Padre? ¿Cómo ejerce su papel de padre para nosotros?

Más que una simple metáfora

La Biblia usa muchas imágenes y metáforas para describir a Dios y a su interacción con su pueblo. A menudo estas metáforas usan papeles, artículos o experiencias diarias que nos ayudan a entender algo acerca del carácter de Dios. En Isaías 5, Dios se compara a sí mismo con un labrador que cuida de su viña (v. 5). Sabemos que Dios no es un labrador, pero comprendemos el trabajo de un labrador y lo podemos comparar con lo que Dios hace en nuestra vida. En Isaías 64:8, Dios se describe como «el alfarero» y a nosotros como su «barro». Esta es otra metáfora que podemos entender; el alfarero le da forma al barro para lograr su propósito, igual que Dios le da forma a nuestra vida según su voluntad.

El salmista se refiera a Dios múltiples veces como una «roca», una «fortaleza» y un «refugio». Sabemos que Dios no es físicamente una roca ni una fortaleza, pero entendemos que de la misma forma que una fortaleza nos protege de las tormentas, Dios nos protege de la maldad. Sabemos que podemos correr a Él para que nos dé ayuda, esperanza y seguridad. En el Nuevo Testamento, Jesús también usó metáforas para describir quién era y lo que vino a hacer. Jesús dijo que Él era el Pan de la vida (Juan 6:35), la Luz del mundo (Juan 8:12) y la Vid (Juan 15:5). Estas son imágenes útiles que nos ayudan a entender quién es Dios. Nuestro Dios es tan grande y complejo que hacen falta palabras e imágenes incontables para describirlo.

Una metáfora común para Dios es la de Padre. La encontramos tanto en el Antiguo como en el Nuevo Testamento. En el Antiguo Testamento, Padre se usa sobre todo en referencia a la relación de Dios con Israel (Isaías 1:2-3; Malaquías 2:10). No obstante, el nombre Padre en el Nuevo Testamento se destaca más al convertirse en el modo de referencia de los creyentes hacia Dios[2]. El Nuevo Testamento contiene más de doscientas referencias de Dios como Padre[3]. En los Evangelios, Jesús habla de Dios como su Padre: «Padre, la hora ha llegado; glorifica a tu Hijo, para que

Este nombre, Padre, es más que una simple imagen o comparación para ayudarnos a comprender algo acerca de Dios. Es lo que Dios es para nosotros.

el Hijo te glorifique a ti» (Juan 17:1). También les enseñó a los discípulos a llamar Padre a Dios: «Padre nuestro que estás en los cielos, santificado sea tu nombre» (Mateo 6:9). Varias de las cartas de Pablo destacan nuestra relación con Dios como hijos.

Sin embargo, cuando la Biblia usa la palabra «Padre» para referirse a Dios, ¿solo es una metáfora? ¿La usa la Biblia solo para ayudarnos a comprender algo acerca de Dios debido a que todos tenemos padres y sabemos el papel que estos representan en nuestra vida? ¿O es la paternidad de Dios más que una simple metáfora? El profesor de seminario D. Blair Smith sugiere que «Padre» es más que una metáfora, es el *nombre* de Dios: «La Escritura nos ofrece una serie de símiles y metáforas para pensar en los atributos de Dios, pero debemos reconocer que hablan de manera clara y directa de Dios *como Padre*. Además, la Escritura revela que se trata de un *nombre* propio»[4].

Este nombre, Padre, es más que una simple imagen o comparación para ayudarnos a comprender algo acerca de Dios. Es lo que Dios *es* para nosotros. Indica que hay una relación. Muestra que le conocemos y que Él nos conoce. Somos suyos y Él es nuestro. Mis hijos me llaman mamá, y le llaman papá a mi esposo, pues somos sus padres y ellos nuestros hijos. Hay una relación íntima que existe entre nosotros. De modo que solo ellos nos pueden llamar por esos nombres. Aun cuando tengo una relación con los hijos de otros amigos, no me llaman mamá. Lo mismo sucede con Dios. No todos le pueden llamar

Padre. Solo los hijos de Dios tienen ese privilegio. La Biblia nos enseña que «llegamos a ser» hijos de Dios: «Pero a todos los que le recibieron, les dio el derecho de llegar a ser hijos de Dios» (Juan 1:12). Es preciso que algo suceda para llegar a ser hijos de Dios. Ese algo comienza con la salvación, pero no termina allí.

De la justificación a la adopción

Cuando consideramos nuestra salvación, a menudo nos enfocamos en la justificación; y con razón, pues es lo que nos provee la debida relación con Dios. En nuestro pecado, no podemos entrar en la presencia de Dios. Él es santo y nosotros no. Sin embargo, somos justificados por la fe en Cristo, en lo que es para nosotros tanto por su vida como por su muerte expiatoria. Dios nos mira como si nunca hubiéramos pecado; acepta el pago de Cristo por nosotros. Al mismo tiempo, se nos imputa la vida perfecta de Cristo y se nos ponen sus vestiduras de justicia. Ahora estamos unidos a Cristo. Todo lo que Él es y todo lo que ha hecho es nuestro ahora. Esta es la buena nueva del evangelio. Aun así, no es el fin de nuestra salvación.

Jesús hizo más que salvarnos de la condena de nuestro pecado; nos salvó *por* la relación con nuestro Dios trino. En el momento de la salvación, somos adoptados a la familia de Dios y nos convertimos en sus hijos. Ahora Cristo es nuestro hermano mayor, y todos los hijos de Dios son nuestros hermanos y hermanas. Es más, este fue el plan de Dios desde la eternidad: «Dios nos escogió en él antes de la creación del mundo, para que vivamos en santidad y sin mancha delante de él. En amor nos predestinó para ser adoptados como hijos suyos por medio de Jesucristo, según el buen propósito de su voluntad»

(Efesios 1:4-5, NVI®). ¡Qué maravilloso es esto! Dios nos amó desde antes de la creación del mundo. Nos escogió para ser sus hijos por medio de la obra de su Hijo Jesucristo. Nuestra condición de hijos es el objetivo y el propósito de la redención.

La noche antes de ser traicionado, Jesús compartió la última cena con sus discípulos y pronunció el llamado discurso del Aposento Alto. Allí les dijo lo que podrían esperar cuando lo arrestaran más tarde. Les prometió que el Espíritu Santo vendría para consolarlos. Les enseñó a servirse unos a otros mientras les lavaba los pies. Entonces, hizo una oración por sí mismo, por los discípulos y por todos los que más tarde llegarían a la fe. Esta hermosa oración refleja nuestra unión con el Dios trino y nuestra unión con Cristo y otros creyentes. Muestra cómo la obra de Jesús por nosotros nos proporcionó una relación con el Dios del universo. En una parte de la oración, Jesús dijo estas palabras:

> «Mas no ruego solo por estos, sino también por los que han de creer en mí por la palabra de ellos, para que todos sean uno. Como tú, oh Padre, estás en mí y yo en ti, que también ellos estén en nosotros, para que el mundo crea que tú me enviaste. La gloria que me diste les he dado, para que sean uno, así como nosotros somos uno: yo en ellos, y tú en mí, para que sean perfeccionados en unidad, para que el mundo sepa que tú me enviaste, y que los amaste tal como me has amado a mí». (Juan 17:20-23)

Nuestra salvación nos ha dado una relación con Dios. En este pasaje vemos que Jesús está unido al trino Dios; nosotros estamos unidos a Dios por medio de la obra del Hijo; y los creyentes están unidos unos con otros. A través de nuestra unión con Cristo, el Hijo, ahora Dios es nuestro Padre. Además, esta oración nos dice que en Cristo, Dios nos ama tanto como ama al Hijo. Piensa en esto por un momento. Aquel que por su palabra creó al mundo, el santo y justo que gobierna todas las cosas, nos ama tanto como ama a Jesucristo. ¡Qué gracia tan maravillosa! Considera la profundidad de nuestro amor por nuestros hijos. ¡Ni siquiera se compara con el amor de Dios por nosotros! El profesor D. Blair Smith explica que a causa de esta «adopción por gracia, compartimos una relación eterna y gloriosa. Ser cristianos, entonces, significa tener una relación de Padre-Hijo»[5].

Cuando la gente habla de lo que significa ser cristiano, a veces se refiere a ser salvos del castigo eterno por el pecado. Y lo es. En cambio, también es mucho más que eso. Ser cristiano significa ser hijos e hijas de Dios. Tiene que ver con una relación. Una relación familiar nacida del amor. Como escribió el apóstol Juan: «Miren con cuánto amor nos ama nuestro Padre que nos llama sus hijos, ¡y eso es lo que somos!» (1 Juan 3:1, NTV). Dios el Padre, a través de la vida y muerte del Hijo, y por la obra regeneradora del Espíritu en nuestro corazón, nos adoptó como hijos para poder estar unidos en el amor y la comunión que la Trinidad ha experimentado por toda la eternidad.

¿Puedes ver por qué el nombre «Padre» es tan significativo?

¿Has adoptado un hijo o conoces a alguien que lo hizo? Es un ejemplo hermoso de la vida verdadera de lo que Dios hizo por nosotros. He acompañado a varios amigos en este proceso. Me encantó apoyarlos, orar por ellos y animarlos en su esfuerzo por traer a casa a su hijo adoptivo. Una de estas amistades adoptó a un grupo de hermanos mediante el sistema de acogida temporal del gobierno. Fue un largo y arduo tiempo de espera para que el proceso siguiera su curso, pero una vez que se logró, pude asistir al procedimiento en el juzgado. Pude ver cuando el juez declaró que estos niños eran ahora hijos de mi amiga y su esposo. Les dio el apellido de mis amigos de manera oficial. ¡Observar esto fue glorioso y de gran gozo! No creo que hubiera ningún ojo seco en la sala del tribunal. Estos niños ahora llaman a mi amiga mamá y a su esposo papá. Saben que sus necesidades se satisfarán. Cuando tengan hambre, los alimentarán. Cuando estén heridos, recibirán atención. Ahora son parte de una familia para siempre.

Así es también con nuestra relación con Dios. Nuestra adopción a la familia de Dios nos convierte en sus hijos e hijas. Como escribiera Pablo en Gálatas 4:4-7:

> Pero cuando vino la plenitud del tiempo, Dios envió a su Hijo, nacido de mujer, nacido bajo la ley, a fin de que redimiera a los que estaban bajo la ley, para que recibiéramos la adopción de hijos. Y porque sois hijos, Dios ha enviado el Espíritu de su Hijo a nuestros corazones, clamando: ¡Abba! ¡Padre! Por tanto, ya no eres siervo, sino hijo; y si hijo, también heredero por medio de Dios.

Nuestra adopción nos permite llamar a Dios, Padre. Es lo que nos hace su hijo o su hija. Así que, aunque lo que nos redime del pecado es la justificación, lo que nos trae a una relación de familia con Dios es la adopción. J.I. Packer, en su libro *Hacia el conocimiento de Dios,* afirmó que nuestra adopción es el privilegio más alto que nos da el evangelio[6]. Escribe:

> En la adopción Dios nos recibe en su familia y a su comunión, y nos coloca en la posición de hijos y herederos suyos. La intimidad, el afecto, y la generosidad están en

> la base de dicha relación. Estar en la debida relación con el Dios juez es algo realmente grande, pero es mucho más grande sentirse amado y cuidado por el Dios padre[7].

La adopción puede parecer una simple idea teológica junto a palabras como expiación, justificación y santificación. Sin embargo, ¡es mucho más que eso! Es la hermosa y gloriosa verdad de que Dios nos amó desde antes de la creación del mundo. Él nos escogió para que fuéramos suyos, y nos hizo suyos por medio de la obra de su Hijo. Estamos unidos a Cristo, y su condición de hijo con el Padre es ahora nuestra condición de hijos. Y como somos hijos de Dios, tenemos todos los derechos y privilegios que esto implica. Veamos ahora algunos de esos beneficios.

Los beneficios de ser hijos de Dios

Ser hijo de Dios tiene muchos beneficios, y durante el resto de este libro analizaremos algunos de ellos. Por ahora, en cambio, solo quiero destacar unos pocos. A medida que los leas, dedica un tiempo para reflexionar sobre lo que significa para ti que Dios sea tu Padre.

Podemos llegar a Dios con confianza

Algo maravilloso sucedió cuando Jesús murió en la cruz; el velo del templo se rasgó en dos (Mateo 27:51). Este velo separaba el Lugar Santísimo del Lugar Santo del santuario. Simbolizaba la barrera que separaba al hombre pecador de nuestro Dios santo. Sin embargo, con el sacrificio final de Cristo, esa barrera se eliminó. Por medio de Cristo, ahora podemos llegar a la presencia misma de Dios. No solo eso, sino que podemos acudir a Él con *valentía* y *confianza*. Podemos clamar a Dios y saber que Él nos escucha. Podemos acudir a Él y buscar su gracia y ayuda en momentos de necesidad (Hebreos 4:16, NTV).

Me encanta la manera en que Tim Keller describe esta confianza: «La única persona que se atreve a despertar al rey a las tres de la mañana para pedirle un vaso de agua es un niño. Nosotros tenemos ese tipo de acceso»[8]. Piensa cuántas veces tu hija te ha llamado en medio de la noche. Quizá quería un vaso de agua o solo sentirse segura después de una pesadilla. Y tú la atendiste con gusto. ¡También nosotros tenemos esa clase de acceso a nuestro Padre celestial!

Podemos confiar que Dios suplirá nuestras necesidades

Todos pasamos por tiempos de preocupación acerca de nuestras necesidades diarias. Nos preocupamos por tener suficiente dinero para pagar una cuenta que se vence al final del mes. Escuchamos rumores de cortes en la empleomanía y tememos perder el trabajo. Como padres, a menudo nos preocupamos, pues no sabemos si estamos supliendo las necesidades de nuestros hijos. ¿Está creciendo Jack como es debido? ¿Está recibiendo Kyra la educación que necesita o debemos buscar más ayuda? ¿Debo comprarle a Johnny el juego que tienen todos los demás niños? En Mateo 6, Jesús nos enseñó que, debido a que Dios es nuestro Padre, podemos confiar en que Él suplirá nuestras necesidades. Él nos instruyó que miráramos cómo Dios provee para las aves del cielo o las flores del campo. Jesús concluye: «Por tanto, no os preocupéis, diciendo: "¿Qué comeremos?" o "¿qué beberemos?" o "¿con qué nos vestiremos?". Porque los gentiles buscan ansiosamente todas estas cosas; que vuestro Padre celestial sabe que necesitáis de todas estas cosas» (vv. 31-32).

Jesús usó un argumento de menor a mayor. Si Dios hace provisión para su creación (las aves y las flores), ¿cuánto más proveerá para sus hijos? Nuestro Padre celestial conoce todas nuestras necesidades y preocupaciones. ¡Antes que nosotros! Considera cómo tú anticipas y suples las necesidades de tus hijos. A menudo, los padres saben que un hijo está enfermo antes de que siquiera se lo digan: «No me siento bien». Siempre traemos agua y meriendas para los niños dondequiera que vamos. Así como sabemos lo que nuestros hijos necesitan y procuramos proporcionárselos, nuestro Padre celestial lo hace también.

Somos herederos del reino de Dios

Como hijos adoptados, somos herederos de Dios (Gálatas 4:7; Efesios 1; 1 Pedro 1:4). Todo lo que Cristo nos aseguró es nuestro; nada ni nadie nos puede arrebatar estas bendiciones: redención, perdón de pecados, condición de hijos, el Espíritu Santo y su obra en nosotros, nuestra resurrección futura y todas las glorias del cielo. Estas bendiciones no las recibimos por algo que hemos hecho, sino debido a que somos hijos de Dios.

Considera los beneficios que disfrutan tus hijos solo por ser tus hijos. Piensa en todo lo que haces por ellos y cómo suples sus necesidades. Ahorras dinero para llevarlos de vacaciones o para pagar la universidad. Cada vez que un par de zapatos les queda chico, los llevas a comprarse un par nuevo, ¡a veces solo unos meses después! Un día, heredarán todo lo que te has esforzado por proveerles. ¡Cuánto más somos nosotros herederos de todo lo que tiene nuestro Padre!

Dios nos enseña y nos instruye

Dios no nos deja como nos encontró. No solo nos salva por gracia y nos trae a su familia, también nos enseña la manera de vivir como sus hijos. Por medio de su Espíritu, obra en nosotros para moldearnos a la semejanza de su Hijo perfecto, Jesucristo. Nos instruye en justicia. Nos ayuda a usar nuestros dones para su reino. Podríamos pensar en un niño adoptado que deja atrás un orfanato y una vida de pobreza para unirse a su nueva familia en su hogar. Recibe ropas nuevas. Aprende las reglas y su forma de vivir. Recibe una educación de primera clase. Recibe oportunidades para extender sus alas y tratar nuevas cosas. Sus padres le proveen todo lo que necesita para triunfar en la vida. Del mismo modo, Dios no solo nos enseña a vivir para Él, nos da todo lo que necesitamos para hacerlo (2 Pedro 1:3). Él terminará su obra en nosotros, haciéndonos semejantes a Cristo.

Estas son solo algunas de las gloriosas verdades y beneficios que tenemos como hijos de Dios. ¡Qué bendición y qué privilegio ser de Dios!

Un Padre perfecto

Mientras lees este capítulo y piensas acerca de lo que significa que Dios es tu Padre, haz un alto para comparar la paternidad de Dios y la paternidad humana. Sin duda, nuestras experiencias con nuestros padres terrenales tienen un impacto sobre cómo vemos a nuestro Padre celestial. Si bien algunos de nosotros tuvimos padres que nos amaron y quisieron, quizá otros no. Algunos pudimos haber tenido padres que se esforzaron en gran manera para disciplinar nuestro corazón. Algunos pudimos haber tenido padres que escucharon nuestros temores, nos animaron con nuestros dones, y nos hicieron sentir valorados e importantes para ellos. Sin embargo, otros pueden haber tenido padres fríos y distantes. Pueden haber tenido padres que estaban tan ocupados y tan absortos con sus propias vidas que tuvieron poco impacto en la vida de sus hijos. Algunos pueden haber tenido padres rudos y abusivos. Otros quizá nunca conocieron a sus padres.

Cualquiera que sea nuestra experiencia, positiva o negativa, necesitamos recordar que Dios es un Padre perfecto. Él está muy por encima de cualquier padre terrenal. Nuestros padres hicieron lo mejor que pudieron en su naturaleza caída, pero nuestro Padre en los cielos solo hace lo bueno, justo y verdadero. Su amor por nosotros es incondicional, y nada nos puede separar de Él. Nunca deja de proporcionarnos con exactitud lo que necesitamos. Nunca nos ha abandonado. Quizá nos discipline cuando nos haga falta (lo cual veremos en un capítulo más adelante), pero nunca nos castiga, pues Cristo llevó nuestro castigo en la cruz. Él es el maestro perfecto, la fuente y el manantial de toda sabiduría. Nuestro Padre celestial es todo lo que nuestros padres terrenales no pudieron ser. Es más, cada vez que nos sintamos inseguros de cómo debe ser un padre, podemos mirar a la relación entre Dios Padre y su Hijo, Jesucristo, la relación suprema entre Padre e Hijo.

Para esos cuyos propios padres proyectan una sombra oscura sobre la paternidad, dejen que los rayos de la verdad iluminen sus corazones. Dediquen tiempo para leer y estudiar lo que significa que Dios es su Padre. Mediten sobre su grande y perfecto amor por ustedes en Cristo. Consideren todo lo que Él tuvo que sufrir para adoptarlos como suyos. Reflexionen sobre el hecho de que Él los ama. Y como hijos, corran a Él. Depositen sobre Él sus preocupaciones y tristezas.

La imagen de nuestro Padre para nuestros hijos

El propósito de este capítulo fue ayudarnos a explorar lo que significa que Dios es nuestro Padre. Nuestra identidad como cristianos está fundamentalmente ligada a quiénes somos como hijos de Dios, hechos a su imagen y semejanza. Al igual que mis hijos son parte irrevocable de la familia Fox, somos por siempre parte de la familia de Dios. Le pertenecemos a Dios y Él a nosotros. Cuando entendemos bien esta maravillosa verdad, esto nos ayuda a comenzar a pensar en cómo Dios trata con nosotros como padre. En los capítulos que siguen exploraremos esto.

Unamos ahora estos primeros dos capítulos y consideremos lo que esto significa para la crianza de nuestros hijos. En el capítulo anterior vimos para qué nos crearon: para representar y reflejar a nuestro Padre que nos creó. Somos imagen de Dios al reflejar su carácter, sus obras y sus caminos. En este capítulo vimos la paternidad de Dios. Nos adoptaron como hijos del Padre. Dios nos eligió en amor para que seamos suyos. ¡Qué verdad tan maravillosa! Nos llevaría una eternidad explorar las profundidades de todas las bendiciones que tenemos como hijos suyos, pero en este capítulo abordamos algunas de esas bendiciones.

Aunque reflejamos a Dios de muchas maneras en nuestra vida y en diversas circunstancias, como nuestro trabajo, nuestra creatividad y nuestro amor los unos por los otros, una de las formas de proyectar su imagen es en la crianza de nuestros hijos. Cuando criamos a nuestros hijos como lo hace Dios con nosotros, nos relacionamos con ellos como Dios se relaciona con nosotros. Les mostramos quién es Él; los dirigimos hacia su propio Padre en los cielos. Dar a conocer a Dios a nuestros hijos es un privilegio importante. Para hacerlo, debemos considerar todas las formas en que Dios es nuestro Padre. Espero que los siguientes capítulos te ayuden a maravillarte aún más de cómo Dios es tu Padre. Y, a su vez, que te abra los ojos a formas de reflejar lo que Dios hace por ti en lo que tú haces por tus propios hijos.

Preguntas para discusión

1. ¿Conoces a alguien que adoptó un hijo? ¿De qué manera eso es un cuadro de lo que Dios hizo por nosotros?

2. ¿Qué significa para ti ser hijo de Dios? ¿Cómo Dios es tu Padre perfecto?

3. A veces nos olvidamos o dudamos de nuestra condición de hijos. Lee Romanos 8:12-17. ¿Qué papel representa el Espíritu Santo en confirmarte que eres hijo de Dios?

4. ¿Qué papel representa la oración en los hijos de Dios? ¿Cómo Jesús nos enseñó a orar?

5. Por el hecho de estar unidos a Cristo mediante la fe, todo lo que le pertenece a Jesús nos pertenece a nosotros. Esto incluye su relación con el Padre. Lee los siguientes versículos para ver algo de lo que Jesús tiene con el Padre que también es nuestro: Juan 12:26; 15:9-10; 17:14-19; 1 Juan 1:3.

6. En 1 Juan 3 leemos algunos de los atributos que identifican a los hijos de Dios. ¿Qué hacen los hijos de Dios?

7. ¿Cuáles son algunas de las maneras en que puedes reflejar a tu Padre celestial ante tus hijos hoy?

La oración de un padre

Abba, Padre, ¡qué privilegio es llamarte Padre! Vengo ante ti agradecido por adoptarme como tu hijo. Te doy gracias por el sacrificio de tu Hijo para traerme a tu familia. Te pido que tu Espíritu me recuerde y me confirme mi condición de hijo. Ayúdame a no olvidar nunca lo que significa que soy tu hijo y tú eres mi Padre. Abre mis ojos para que vea todas las maneras en que me cuidas con ternura. Y ayúdame a reflejarles a mis hijos tu imagen.

En el nombre de Jesús, amén.

3

DIOS ES COHERENTE

¿Alguna vez tus hijos te han recordado algo que no hiciste, algo en específico que siempre haces pero que por alguna razón no hiciste?

Desde que mis hijos eran bebés, yo les leía historias antes de ir a la cama. Era parte de nuestra rutina cada noche. Baño. Cepillar los dientes. Hora de lectura. Oraciones y abrazos. Dormir. Durante los primeros años las historias incluían *Buenas noches, luna* y *Buenas noches a todos*. A veces los leíamos más de una vez. A medida que crecían, las historias también lo hacían. Leíamos historias bíblicas y devocionales. Pronto añadimos libros de capítulos como *Los muchachos Hardy, Tom Sawyer* y *El Hobbit*. Era un dulce ritual, y guardo con cariño los recuerdos de esos tiempos.

En algunas ocasiones, asistimos a un evento especial por la noche o visitamos a amigos para cenar y regresamos tarde a casa. Para cuando llegábamos al camino de entrada, al menos uno de los niños ya se había quedado dormido en el auto, con la cabeza apoyada en el costado de su asiento. Rápidamente y en silencio los llevábamos adentro y los acostábamos, renunciando a todos los rituales habituales del final del día. Los arropábamos y nos dirigíamos de puntillas hacia la puerta. Entonces, justo cuando empezábamos a cerrarla, de manera inevitable una vocecita preguntaba: «¿Y la hora del cuento?».

Luego me acercaba a su cama y trataba de explicarle que, como nos quedamos fuera hasta tan tarde, teníamos que pasar por alto la hora del cuento. Solo por esta vez. «Leeremos más mañana por la noche», le prometía.

No es ningún secreto que los niños se sienten cómodos con la rutina. Llegan a esperar que su día se desarrolle de una manera previsible. Es más, *necesitan* la rutina y la estructura. Desde que nacen, los pediatras nos enseñan a establecer rutinas para la alimentación, el sueño y el tiempo de juego, pues los niños funcionan mejor con rutinas previsibles[1]. Así que creamos tiempos específicos para las siestas y para el sueño de la noche. Los alimentamos a cierta hora del día. Vamos a la biblioteca para el tiempo de lectura todos los martes a las diez de la mañana. Los viernes por la noche son para la pizza y los juegos de mesa.

Los niños también desarrollan sus propias rutinas que traen orden y estructura a su día. Para algunos, es beber la leche de la mañana mientras se recuestan en tu regazo. A otros les gusta arreglar sus animalitos de peluche en una fila al pie de la cama antes de la siesta de la tarde. Otros prefieren el mismo programa de televisión una y otra vez sin aburrirse ni un poco, o insisten en usar las mismas botas de lluvia rojas todos los días, sin importarles el clima. A medida que nuestros hijos crecen, puede que no necesiten necesariamente el mismo tipo de horario diario y puede que dejen de llevar encima su manta peluda favorita, pero siguen necesitando rutinas. Necesitan estructura para prepararse para la escuela todas las mañanas. También necesitan saber qué esperar de nosotros cuando preguntan: «¿Puedo jugar videojuegos esta tarde?» o cuál es la consecuencia de quebrantar una regla familiar.

En este capítulo veremos la importancia de la coherencia en nuestra crianza: de desarrollar rutinas, estructuras y expectativas regulares y confiables para nuestros hijos. Sin embargo, antes veamos cómo esa necesidad de coherencia nos señala a nuestro Padre que es coherente con nosotros.

Nuestro Padre inmutable

Algo inherente en el carácter de nuestro Padre celestial es la verdad de que Él no cambia. «Porque yo, el SEÑOR, no cambio; por eso vosotros, oh hijos de Jacob, no habéis sido consumidos» (Malaquías 3:6). Para nosotros los humanos esto es difícil de entender. Nosotros siempre cambiamos. Cambiamos de idea. Cambiamos de preferencia. Cambiamos de estilo de peinado, empleos y amistades. Es más, la santificación es cambio; nos despojamos del pecado y nos vestimos de justicia. Sin embargo, Dios no cambia. El mismo Dios que hizo que por su palabra la luz brillara en la oscuridad es el mismo Dios que rescató a su pueblo de la esclavitud en Egipto. El mismo Dios que escogió el vientre de María para que llevara a nuestro Salvador es el mismo Dios que le dijo a Pedro a orillas del mar de Galilea: «Alimenta a mis ovejas» (Juan 21:17, NTV). El Dios que le dio gracia a David en su pecado contra Betsabé es el mismo Dios que nos perdona cuando oramos arrepentidos. El Dios que nos rescató del pecado en la cruz es el mismo Dios que escucha nuestro grito de ayuda hoy. Ayer, hoy y siempre, Dios es el mismo[2]. Esto es difícil de imaginar para nuestras mentes finitas; nuestro Dios, que es eterno y no cambia, siempre ha existido y siempre existirá.

Esto quiere decir que lo que Él significa para nuestro carácter nunca cambiará. En Éxodo 34, Dios visitó a Moisés con esta descripción de sí mismo: «El Señor, el Señor, Dios compasivo y clemente, lento para la ira y abundante en misericordia y fidelidad; el que guarda misericordia a millares, el que perdona la iniquidad, la transgresión y el pecado» (vv. 6-7). No importa cuántos siglos pasen, no importa la confusión ni el caos del mundo a nuestro alrededor, nuestro Dios, *quién es Él,* no cambia. Todo lo que es cierto acerca de su carácter lo será siempre. Esto significa que podemos confiar que nuestro Padre siempre permanecerá fiel, será generoso en amor y rico en misericordia. Él siempre es bueno y siempre hace lo justo y lo adecuado. A causa de su carácter inmutable, siempre nos contestará.

Debido a que Dios nunca cambia, lo que dice no cambia tampoco. Todo lo que hay en su palabra sigue siendo verdad por toda la eternidad. Todo lo que la Escritura nos dice acerca del mundo, nuestra caída en pecado y lo que Dios hizo para salvarnos, nunca cambiará. Lo que la Biblia nos dice acerca de quiénes somos, lo que necesitamos y cómo Dios nos lo suple, nunca cambiará. Que la gente esté de acuerdo o no con lo que dice la Palabra de Dios no causa ningún impacto porque está arraigado con firmeza en los cielos. «Para siempre, oh Señor, tu palabra está firme en los cielos» (Salmo 119:89). Dios permanece por la eternidad: «El cielo y la tierra pasarán, mas mis palabras no pasarán» (Mateo 24:35).

Esto significa que sus promesas para nosotros nunca cambiarán. Cuando todo en nuestra vida está patas arriba, cuando parece que estamos montados en un torbellino que gira a toda velocidad, las promesas de Dios nos sostienen en el tumulto.

Promesas tales como: «Porque estoy convencido de que ni la muerte, ni la vida, ni ángeles, ni principados, ni lo presente, ni lo por venir, ni los poderes, ni lo alto, ni lo profundo, ni ninguna otra cosa creada nos podrá separar del amor de Dios que es en Cristo Jesús Señor nuestro» (Romanos 8:38-39); «Estoy convencido de esto: el que comenzó tan buena obra en ustedes la irá perfeccionando hasta el día de Cristo Jesús» (Filipenses 1:6); y: «Si confesamos nuestros pecados, Él es fiel y justo para perdonarnos los pecados y para limpiarnos de toda maldad» (1 Juan 1:9). ¿Cuántas veces le has prometido a tu hijo algo que luego no pudiste cumplir? Eso no sucede con nuestro Padre. Él nunca nos prometerá algo que no cumplirá después. Él hará todo lo que dice que hará.

Un Dios de orden

¿Tienes una estación preferida del año? La mía siempre ha sido el otoño. Me encanta la transición del calor al frío del invierno. Me encanta ver cómo las hojas pierden poco a poco su tono verde y revelan sus verdaderos matices carmesí, dorado y naranja oscuro. También me encantan todas las actividades al aire libre que disfrutamos en el otoño: tostar malvaviscos, recoger manzanas y recorrer laberintos de maizales. Viví en Florida muchos años y extrañaba ver el cambio de las estaciones. Hace algunos años nos mudamos a otro estado y he disfrutado sentarme a la mesa de la cocina, mirar por la ventana grande que da al patio de la casa y ver maravillada cómo las estaciones van de una a la otra; hojas que cambian de color, y luego el viento invernal que las sopla; la llegada de la primavera, mientras que los capullos se abren en las ramas de los árboles hasta que están llenos otra vez de hojas.

Este patrón previsible en el cambio de las estaciones dice algo acerca de quién es nuestro Padre celestial. No solo es inmutable, es un Dios de orden. Cuando creó el mundo, puso en marcha leyes para su creación. Por eso el sol brilla cada mañana y la luna alumbra tu camino de noche. Por eso el verano le sigue a la primavera y el invierno le sigue el otoño. Por eso sabemos que todo lo que sube tiene que bajar y cuándo tenemos que plantar las semillas de vegetales en el huerto en la primavera. Es como sabemos que un niño comienza a gatear, luego a caminar y después a hablar.

Dios también estableció el ritmo de vida para su pueblo. Separó un día cada semana para descansar. Instituyó celebraciones anuales para la nación de Israel, incluso la Fiesta de los Tabernáculos y la Pascua. Jesucristo estableció la comunión como una cena que comemos juntos hasta que Él regrese. Cada domingo adoramos con el cuerpo local de Cristo, la iglesia, a fin de celebrar a nuestro Salvador resucitado. La Biblia revela hasta el deseo de Dios de la adoración en orden, y nos dice qué incluir en nuestros servicios, como la oración, la predicación y nuestros cánticos de alabanza.

También sabemos que Dios estableció leyes y regulaciones específicas para su pueblo. Él les dijo qué esperar si las quebrantaban. Fue muy claro acerca de sus expectativas y de lo que deberían esperar de Él (Deuteronomio 4). Como Padre, no inventa nuevas reglas cada vez que se le ocurra. No tiene dudas acerca de si algo es bueno o no; si Él dice que algo es pecado, siempre es pecado. No nos dice que esperemos una consecuencia solo para sustituirla por otra consecuencia más severa. Sus respuestas no son duras ni impulsivas. Sabemos lo que nuestro Padre espera de nosotros y lo que podemos esperar de Él. (Las reglas de nuestro Padre para nosotros y su disciplina las veremos en capítulos más adelante).

En todo esto y más, Dios nos muestra que es inmutable y que valora la coherencia y el orden. Esto significa que sabemos qué esperar de nuestro Padre. Sabemos que Él siempre se relacionará con nosotros según su carácter y su palabra. Cuando algo nos preocupa o tenemos temor, sabemos que podemos clamar a Él en oración y nos contestará. Cuando tenemos necesidad, sabemos que podemos pedirle lo que necesitamos y Él suplirá esas necesidades. Cuando necesitamos sabiduría, sabemos que Él nos la dará. Cuando atravesamos pruebas o tribulaciones, sabemos que Él está con nosotros y pelea por nosotros. Cuando caemos en pecado, sabemos que nos perdonará por la obra de Cristo por nosotros.

Es un gran consuelo pensar en todas las formas en que Dios es coherente con nosotros, ¿verdad? A menudo, la vida es caótica, confusa e incierta, pero saber que Dios nunca cambia nos sostiene. Nos hace estar firmes en medio de las circunstancias siempre cambiantes en las que nos encontramos. Conocer estas verdades acerca del Padre nos da esperanza y paz, pues sabemos que Él nunca cambiará su forma de relacionarse con nosotros. Siempre actuará según su inquebrantable fidelidad, gracia y amor. Y saber que Dios valora el orden y la coherencia, nos ayuda en nuestra forma de criar a nuestros hijos. Nos ayuda a darle forma a nuestra manera de tratar y responder a nuestros hijos. Cuando somos coherentes con ellos, como nuestro Padre lo es con nosotros, les reflejamos su imagen.

Veamos cómo es esa coherencia en la crianza de los hijos.

La imagen de nuestro Padre coherente

En primer lugar, puede que pienses: «Pero yo no soy Dios. No soy inmutable. No puedo ser coherente como Él». Cierto.

Nosotros no somos inmutables. Somos pecadores caídos y prestos a la incoherencia. Piensa en las veces que has puesto el despertador para levantarte temprano por la mañana a fin de leer la Biblia. Te va bien durante unas semanas y luego te resfrías. Duermes la mañana unos cuantos días porque tu cuerpo está sanando y necesitas descansar. Sin darte cuenta, has dejado el hábito de leer la Palabra de Dios. Esto sucede en muchos aspectos de la vida: la dieta, el ejercicio, cultivar relaciones, mantenernos organizados en el trabajo, etc. Nuestras intenciones de mantener la coherencia son buenas, pero muy a menudo no podemos lograrlo. También es cierto que algunas personas son por naturaleza más organizadas. Les resulta fácil mantener una rutina. Otras son más espontáneas y les es difícil cumplir un horario.

No, no somos inmutables como Dios, pero *somos* portadores redimidos de la imagen de Dios. Sabemos que Dios nos está transformando en la imagen de nuestro hermano mayor, Jesucristo. Esto significa que cada vez más podemos traerle orden al caos de la vida en este mundo caído. Es lo que hacemos todos los días en nuestro trabajo. Ya sea equilibrar las finanzas como contador o recetar medicamentos a un paciente como médico, trabajamos para minimizar los efectos de la caída. Es lo que hacemos cuando terminamos los quehaceres diarios, limpiamos la suciedad y guardamos los juguetes. Es lo que hacemos cuando nos cepillamos los dientes cada mañana, cuando resolvemos conflictos con amistades y familiares, y cuando llevamos el auto para que lo reparen. Toda acción es un esfuerzo para contener el caos y la desolación, y establecer el orden.

Como portadores de la imagen de Dios le glorificamos cuando creamos estructura y orden.

Aunque nunca podemos ser coherentes a la perfección y aunque fallemos, ya sea a propósito o no, como portadores de la imagen de Dios le glorificamos cuando creamos estructura y orden. Le glorificamos cuando procuramos darles coherencia a nuestros hijos. Le glorificamos cuando creamos un patrón o rutina en la vida de nuestra familia. ¿Cómo podrá ser esa coherencia en nuestros hogares? ¿Cómo podemos proyectarles debidamente a nuestros hijos una imagen de nuestro Padre coherente? Considera estos aspectos:

Coherencia en el uso del tiempo

Como ya mencioné, los niños se desempeñan mejor con un horario previsible. Sus cuerpos funcionan mejor cuando reciben la misma cantidad de horas de sueño cada noche. También ayudan los tiempos específicos de siesta, igual que horarios para comer, jugar y aprender. Todos sabemos lo que es cuando tenemos un día ajetreado y llevamos a nuestros hijos de un recado a otro y, antes de darnos cuenta, pasamos por alto la hora de la siesta. O ya pasó la hora del almuerzo. Comienzan a deteriorarse ante nuestros ojos. Pierden toda capacidad de gestionar sus emociones. Empiezan a lloriquear o a tirar de nosotros, arrastrando los pies por el supermercado. Y nos damos cuenta de que les hemos presionado demasiado.

Cuando los niños saben lo que les espera durante el día, cuando saben lo que va a ocurrir a continuación, saben cómo comportarse. Las rutinas y la estructura les ayudan a sentirse seguros; reduce la incertidumbre y les da seguridad. Sin embargo, estos horarios no tienen que ser rígidos. Si la hora de la merienda es a las diez y media y la pequeña Sarah tiene hambre a las diez y veinte, no tiene que esperar diez minutos más para comer. La idea de un horario diario es que todos, tanto el padre como el niño, sepan lo que pueden esperar para su día. Es más, habrá días cuando los horarios se interrumpirán. Vivimos en un mundo caído donde la gente se enferma, los planes se cancelan, y los quehaceres inesperados y urgentes consumen nuestro tiempo. Estas cosas pasan y debemos ser lo suficiente resilientes para adaptarnos cuando la vida se interrumpe.

En general, es bueno para todos tener un horario diario típico. Cambiará a medida que tus hijos vayan creciendo en las distintas etapas de la infancia. (Si necesitas ayuda para determinar un buen horario de sueño y alimentación para tu niño, llama a tu pediatra). Las siestas terminarán. Añadirás deportes y otras actividades. El tiempo de dormir en la noche será cada vez más tarde, ¡hasta que tú te vas a la cama antes que ellos! Es útil para ti y para tus niños tener el horario familiar en un lugar donde todos lo vean. Si los niños son muy pequeños para leer, puedes usar imágenes o dibujos de lo que sucede durante el día. Al principio del día háblales de lo que sucederá. Recuérdales antes de hacer la transición de una actividad a otra. «En diez minutos debemos recoger los juguetes porque hoy es martes y los martes vamos a la biblioteca para el tiempo de lectura»; «Ahora vamos a almorzar y entonces nos prepararemos para la siesta»; o «Recuerda que hoy te recogeré temprano de la escuela para la cita con el ortodoncista».

Coherencia en nuestras reacciones

¿Has tenido personas en tu vida de las que nunca supiste cómo te responderían? ¿Se alegrarían de que les llamaras? ¿O parecerían irritadas como si fueras una interrupción en su día?

¿Te ignorarían como si fueras una molestia? Cuando no sabemos qué esperar de alguien, es desconcertante. No sabemos cómo acercarnos a esa persona. No sabemos si será cortés o cruel.

Con nuestros hijos, nuestras reacciones son importantes. Nuestros hijos deben saber qué esperar cuando se acercan a nosotros. Si a veces los miramos y sonreímos, pero otras les hacemos sentir como si fueran una molestia y una interrupción, no sabrán qué esperar de nosotros. Como con nuestro Padre celestial, queremos que nuestros hijos vengan a nosotros con confianza. Queremos que sepan que son bienvenidos. Aunque nos interrumpan o nos pillen en un momento inoportuno, queremos responder de una manera que refleje que se les valora y aprecia.

Coherencia en las reglas y las consecuencias

Hablaremos de esto en capítulos posteriores, pero también es importante la coherencia en las reglas familiares y las consecuencias de su incumplimiento. Nuestro Padre celestial es claro y coherente con sus hijos en cuanto a sus mandamientos. También es claro acerca de las consecuencias del pecado. De igual manera, cuando tenemos reglas y consecuencias coherentes en nuestro hogar, proyectamos a nuestros hijos la imagen de nuestro Padre. Esto significa que si les decimos a los niños que solo pueden tener tiempo de pantalla (televisor o dispositivos) durante el fin de semana, no podemos ceder ante sus protestas y permitirles tiempo de pantalla el miércoles por la tarde solo porque están aburridos. Si la consecuencia de quitarle un juguete a su hermanito es diez minutos de tiempo fuera, no debemos cambiarlo a treinta minutos en un momento de ira. O si un niño juega videojuegos más tiempo del que la regla requiere y la consecuencia establecida es una reducción en el tiempo de juego el próximo día, quitarle los privilegios de tiempo de videojuegos por un mes no es coherente. Estas incoherencias solo exasperarán a nuestros hijos.

Coherencia en las expectativas

¿Alguna vez has tenido un trabajo donde no sabías lo que se esperaba de ti? Quizá nunca te dieran una descripción clara de tus responsabilidades. Sin embargo, tu jefe fue bien claro cuando no cumpliste con sus expectativas. Esto te dejó desanimado y frustrado porque nunca supiste qué esperar. Entonces, ¿cómo podías hacer lo que tu jefe esperaba si nunca te informó sus expectativas?

Lo mismo sucede con nuestros hijos. Necesitamos ser claros en cuanto a lo que esperamos de ellos. Antes de entrar al supermercado, les recordamos cómo deben comportarse. De camino a la iglesia el domingo repasamos cómo deben participar en la adoración o en la clase de la Escuela Dominical. En la tarde, cuando dejamos a Johnny en casa de un amiguito, le recitamos las reglas familiares acerca de mirar películas o jugar videojuegos con amigos.

También necesitamos esperar de ellos solo lo que son capaces de hacer según su desarrollo. No podemos esperar que un niño de tres años se pase un día entero haciendo recados sin estallar en una rabieta al final. No podemos esperar que un adolescente controle su agenda de tareas escolares por sí solo si nunca se le enseñó cómo hacerlo. Como padres, no nos debe sorprender la inmadurez, impulsividad, curiosidad y desorganización de nuestros hijos. Los niños están creciendo y madurando. Nosotros necesitamos medir nuestras expectativas con su punto de desarrollo.

Coherencia en los rituales y las tradiciones

Como ya mencioné, los niños adoptan los rituales con los que viven. Las rutinas de la hora de dormir se convierten en algo sagrado para ellos. La pequeña Isabel no puede salir de casa sin su oso de peluche. Nosotros también tenemos nuestros rituales. Considera todo lo que hacemos en la mañana, a fin de prepararnos para el día. Miramos los correos electrónicos y las redes sociales. Tomamos café. Escuchamos las noticias mientras nos vestimos. Nuestros hábitos y rutinas hacen más que solo darle forma al día; también le dan forma a la dirección del corazón.

James K.A. Smith afirma que apreciamos lo que amamos, y que nuestros hábitos moldean lo que amamos[3]. En esencia, nos convertimos en lo que amamos. Los rituales regulares, las rutinas y el ritmo de nuestro hogar ayudan a formar la dirección de nuestro corazón. Llegamos a depender de nuestros hábitos para darle sentido a nuestra vida. Para darnos esperanza en la inseguridad. Esto nos da una pausa para considerar nuestros hábitos y cómo estos le dan forma a nuestro corazón. ¿Nos han formado para amar a Dios o a su creación?

Podemos usar el deseo natural de los niños para la coherencia y los rituales que ayuden a dirigir su corazón a Dios y sus caminos. Podemos crear rituales y ritmos para enseñarles a nuestros hijos quién es Dios y lo que ha hecho, para crear un hogar cuyo centro sea adorar a Cristo. La mesa de la cena familiar puede convertirse en un lugar de adoración nocturna en el que damos gracias por el pan de cada día, nos deleitamos con la Palabra de Dios mientras alimentamos nuestros cuerpos y cantamos de su bondad mientras hablamos de nuestro día con los demás. Smith exhorta a las familias a incorporar música, historias, símbolos y objetos físicos para ayudar a los niños a aprender. «Los niños son animales de costumbres que absorben el evangelio a través de prácticas que le hablan a su imaginación»[4]. El tiempo de oración en familia puede consistir en que los miembros de la familia se turnen para orar con tarjetas en las que están pegadas fotos de las caras de amigos y seres queridos, o sacando palitos de un envase con peticiones escritas en ellos. Piensa en cómo puedes desarrollar rituales y actividades diarias que ayuden a tu familia a mantener la mirada fija en Cristo.

Podemos también usar los días feriados y otros días especiales para darle forma a la dirección de sus corazones. Encender la corona anual de Adviento, hacer adornos artesanales que cuenten la historia de la redención y cantar himnos navideños son rituales que les dan forma a los corazones jóvenes. Todos estos rituales tienen un propósito eterno. Nos enseñan a conocer y amar a nuestro Salvador. También nos ayudan a vivir en nuestra identidad como portadores de la imagen de Dios. Como Smith escribe: «Queremos ser *intencionales* con los ritmos formativos del hogar, a fin de que se vuelva a calibrar otro espacio que nos forme y nos prepare para que nos lance al mundo a llevar a cabo tanto el mandato cultural como la Gran Comisión, de modo que le reflejemos la imagen de Dios a nuestro prójimo para su beneficio»[5].

Gracia en la incoherencia

Tal vez, al leer este capítulo, pensaras en las formas en que has sido coherente con tus hijos y en las que no lo has sido. ¡No estás solo! En mi propia experiencia, he tenido días cuando he sido coherente y días en los que fracaso por completo. Algunos días sigo nuestra rutina diaria. Soy coherente con las reglas y las consecuencias. Leo mi devocional diario en la mesa del desayuno. Otros días es como la ley de la selva. Nada sucede como debe. Me distraigo y me olvido. Reacciono con mis hijos con sarcasmo o ira. Otras cosas tienen prioridad. Y en esos momentos es difícil no sentirme fracasada en la crianza de mis hijos.

Cuando somos incoherentes en la crianza de nuestros hijos, debemos recordar la gracia de Dios para con nosotros. Debemos recordar que Cristo es coherente con nosotros cuando nosotros no lo somos. Nuestro hermano mayor está ante nuestro Padre e intercede por nosotros. Dios mira a Cristo y ve su vida vivida de manera coherente por nosotros. Cuando identificamos incoherencia en nuestra vida, podemos presentarnos con valentía ante nuestro Padre y pedirle ayuda y sabiduría. Cuando nuestra incoherencia es el resultado del pecado, nos arrepentimos y buscamos el perdón. Entonces, nos levantamos y empezamos de nuevo.

Piensa en criar a tus hijos consistentemente, no como una regla imposible de cumplir, sino como una *oportunidad* de mostrarles a tus hijos quién es Dios. Cada vez que eres constante, les proyectas la imagen de Dios. Y cuando no, tienes también una oportunidad de mostrarles cómo aplicar el evangelio a tu vida. En tu debilidad, puedes mostrarles a tus hijos la gracia de Dios. Diles que es difícil ser constante, pero que estás orando para que Dios te dé la fortaleza para serlo. Diles de todas las formas en que Dios siempre es constante contigo. Enséñales acerca de su Dios inmutable y constante.

Preguntas para discusión

1. ¿Qué significa para ti que tu Padre sea coherente? ¿Qué impacto le causa esto a tu relación con Él?

2. Lee estas promesas de la Palabra de Dios: Mateo 11:28-29; Filipenses 4:6-7; Santiago 1:5; Juan 1:9. ¿Qué significa para ti que Dios siempre cumpla sus promesas?

3. ¿Por qué es tan difícil ser coherentes con nuestros hijos? ¿Qué aspectos te son más difíciles?

4. ¿Qué expectativas tienes para con tus hijos? ¿Qué puedes hacer para que las tengan bien en claro?

5. ¿Cuáles son algunos de tus rituales familiares? ¿Cómo se desarrollaron? ¿Los quieres mantener? Sí o no, ¿por qué?

6. ¿Qué nuevos rituales y ritmos puedes poner en práctica hoy en tu hogar para que tus hijos se acerquen a Dios?

7. ¿Cómo puedes transmitirles hoy a tus hijos la coherencia de tu Padre?

La oración de un padre

Querido Padre, te doy gracias por tu amor y tu gracia constantes hacia mí. No importa lo loca que se vuelva la vida, sé que sigues siendo el mismo. Tú siempre reaccionarás según tu carácter inmutable. ¡Qué paz y seguridad le trae esto a mi corazón! Sé que no puedo ser perfectamente coherente con mis hijos como lo eres tú conmigo, pero te pido que me ayudes a buscar la coherencia. Te pido que mis hijos te vean a través de mis reacciones coherentes. Que te puedan ver a ti a través del orden y las rutinas del día. Sobre todo, que nuestros rituales familiares ayuden a formar sus corazones para que te amen.

En el nombre de Jesús, amén.

4

DIOS PROPORCIONA LÍMITES

Cuando mi hijo menor comenzó a gatear, fui a la tienda a comprar artículos de seguridad. Sobre todo, quería encontrar cubiertas para los enchufes. Recorrí los pasillos, ¡y no pude creer cuántas opciones había! Candados para las puertas, candados para el asiento del inodoro. Candados para el cubo de la basura. Cubiertas protectoras para las esquinas de los muebles. Si lo puedes nombrar, lo tenían.

Como padres, queremos mantener a nuestros hijos a salvo de cualquier peligro. Evitar que metan algo metálico en un enchufe es bueno. Evitar que hurguen en el cubo de la basura es bueno para todos. Y para cualquiera que tenga un niño muy curioso, ¡una cubierta de seguridad para la manija de la puerta principal puede salvarle la vida!

Estos son límites que utilizamos para evitar que nuestros hijos sufran daño. Son límites que ponemos y que dicen: «No vayas más lejos», y: «Esto no es para ti». Sin embargo, ¿qué pasa con otros límites? ¿Qué pasa con las reglas y los límites? ¿Son necesarios también?

Dependiendo de nuestra propia experiencia con las reglas y órdenes, puede que nos incomode la idea de ponerles límites a nuestros hijos. Podemos considerar que las reglas son agobiantes y restrictivas. Quizá tuviéramos experiencias pasadas con reglas que eran severas y exigentes. O, por otra parte, podemos poner toda nuestra esperanza y confianza en las reglas, dándoles más poder del que se merecen. Podemos esperar que las reglas y los límites nos rescaten y nos salven a nosotros y a nuestros hijos. Para complicar más las cosas, en nuestra cultura actual, las reglas de una persona pueden ser muy diferentes a las de otra, pues no existe una verdad estándar. Esto también puede influir en nuestra manera de ver las reglas para nuestros hijos. Cualquiera que sea nuestra experiencia con las reglas y cualquier valor que tengan en nuestra vida, es importante que seamos sabios, ya que esto impacta en el papel que representan en nuestro hogar con nuestros hijos.

Como veremos en este capítulo, las reglas y las órdenes están por toda la Escritura. Veremos cómo Dios nos pone límites a nosotros. Dios nos enseña lo que es bueno y justo, y lo que es malo y pecaminoso. Nos dice: «Este es el camino, andad en él» (Isaías 30:21). Como vimos hasta ahora, Dios es nuestro Padre y Él sabe lo que es mejor y más justo para nosotros. Él sabe lo que es bueno, porque Él es bueno. Veremos algunas de estas reglas y límites que Dios nos da, lo que significan para nosotros y cómo podemos proyectar la imagen de Dios en los límites que les ponemos a nuestros hijos.

El pueblo de Dios y la ley

En el primer capítulo mencioné a Moisés y cómo Dios lo usó para liberar a los israelitas de la esclavitud. En un principio, sus antepasados fueron de la tierra de Canaán y fueron a Egipto después de una gran hambruna. A José, el hijo de Jacob, lo vendieron como esclavo y, por la providencia de Dios, terminó como empleado del faraón. Dios bendijo a Egipto por medio de José, quien trabajó para acumular y guardar suficiente alimento para que la nación sobreviviera el período de hambre. El resto de la familia de José vino de Canaán y se quedó con él. Como eran pastores de profesión, y por tanto detestables para los egipcios, se establecieron en la tierra de Gosén.

Pasaron cientos de años, reinaron varios faraones y creció el pueblo de Dios. El rey de Egipto tuvo miedo de que se rebelaran en su contra, y los esclavizó y los puso a trabajar. El pueblo clamó a Dios para que lo ayudara y Él lo escuchó al enviarle a Moisés en su rescate. Moisés hizo maravillosos milagros y Dios mandó una plaga tras otra contra el faraón hasta que por fin este cedió y los dejó ir.

Emprendieron el viaje para alejarse de Egipto y llegaron al mar Rojo. El faraón había cambiado de opinión, y su ejército lo perseguía. ¿Qué hacer? En realidad, ¡morirían! Entonces, Dios hizo algo increíble: Abrió el mar Rojo y ellos caminaron por tierra seca hacia el otro lado. Cuando el ejército del faraón los siguió, Dios cerró el mar de nuevo sobre ellos, matando tanto al faraón como a su ejército. El pueblo de Dios se regocijó y le alabó por esa liberación.

Mientras viajaban hacia la Tierra Prometida, continuaron aprendiendo acerca del Dios de sus padres. Después de ser esclavos por tanto tiempo, estaban acostumbrados a la desenfrenada idolatría de Egipto. Tenían mucho que aprender acerca del Dios verdadero que los rescató. Dios les mostró que Él era su proveedor cuando los bendijo con provisiones para la jornada: agua de la roca y pan que aparecía con el rocío de cada mañana, seis días a la semana. Aunque se quejaron y protestaron, y a veces anhelaban volver a lo que les era conocido, Dios continuó haciendo provisión para ellos y supliendo sus necesidades. Su presencia estuvo a su lado durante toda la jornada hacia su nuevo hogar.

Entonces, Moisés los llevó al monte Sinaí. Allí aprenderían quién es Dios y lo que espera de ellos. Allí aprenderían lo que significa ser pueblo de Dios. Allí aprenderían cómo vivir separados y distintos de las naciones a su alrededor. Allí aprenderían lo mejor de Dios para ellos.

Al pueblo de Dios se le dijo que se mantuviera alejado del monte y que ni siquiera lo tocara. Moisés subió a la cima del monte para encontrarse con Dios y el pueblo se quedó abajo, en el campamento. Podían escuchar los truenos y relámpagos del monte. Temblaban de miedo cuando el monte se estremecía. Sin embargo, Moisés permaneció en el monte y recibió la Ley, grabada en piedra por la mismísima mano de Dios.

La Ley, que nosotros llamamos los Diez Mandamientos, le enseñaba al pueblo a relacionarse con Dios y con otros. Los primeros cuatro mandamientos hablan de su relación con Dios. Debían adorarle solo a Él, honrar su imagen y su nombre, y separar un día a la semana para descansar y adorar. Estos mandamientos les enseñaban que solo Dios es Dios; que no hay otros dioses. Además, le enseñaban al pueblo que debían adorarle de cierta manera; que debían honrarle como lo primero en su vida. El resto de los mandamientos les enseñaban a honrar a sus padres, respetar la dignidad de la vida humana, mantener sus votos matrimoniales, respetar la propiedad de su vecino, hablar la verdad y no envidiarse los unos a los otros. Un día, en un futuro lejano, alguien le preguntaría a Jesús cuál de estos mandamientos era el mayor, a lo cual Él respondió: «Amarás al Señor tu Dios con todo tu corazón, y con toda tu alma, y con toda tu mente. Este es el grande y el primer mandamiento. Y el segundo es semejante a este: Amarás a tu prójimo como a ti mismo» (Mateo 22:37-39).

Dios también les dio una lista de reglas que los separaban de las demás naciones y reglas para su adoración. Había reglas para tratar con el crimen y la injusticia. Reglas para la alimentación. Reglas para los sacrificios por el pecado. Todas estas reglas le enseñaban al pueblo de Dios quién era Él y quiénes eran ellos como sus hijos. Estas reglas revelaban la santidad de su Dios único y verdadero. Debido a que eran pecadores, Dios les proveyó una manera de pagar por quebrantarlas a través del sistema de sacrificios. Las leyes ceremoniales eran extensas y toda una tribu, los levitas, recibieron la tarea de asegurarse de hacer los debidos sacrificios por el pecado del pueblo.

Si alguna vez leíste Levítico, la gran cantidad de mandamientos puede ser abrumadora. ¡A veces me pregunto cuántos en el pueblo de Dios recordaban todos esos mandamientos! Como sabemos, no los pudieron cumplir. Por eso necesitaban un Salvador.

Por eso nosotros también necesitamos un Salvador.

Jesús y la ley

Durante siglos, el pueblo ofreció sacrificios por el pecado. El humo que salía del templo nunca cesaba. Los sacrificios de animales nunca fueron suficientes para hacer expiación por el pecado. Solo eran un remedio provisional hasta que viniera el sacrificio completo. Hasta que viniera el Redentor.

Jesús vino para cumplir la ley a la perfección; vino para cumplir la ley por nosotros, a fin de convertirse en el sacrificio perfecto para nosotros. En el Sermón del monte, Jesús proclamó: «No piensen que he venido a anular la Ley o los Profetas; no he venido a anularlos, sino a darles cumplimiento» (Mateo 5:17, NVI®). En el resto de su sermón, llegó al meollo de los mandamientos. Enseñó que no solo es pecado cometer asesinato, sino que también lo es odiar a un hermano en el corazón. Enseñó que no solo el adulterio es pecado, sino que también lo es codiciar a otra persona. Al hacerlo, nos mostró que los mandamientos iban más allá de las acciones externas, sino que llegaban a nuestro corazón, a nuestros pensamientos, deseos y motivos. Eso se debe a que nuestro pecado no se origina fuera de nosotros, sino dentro. Somos pecadores y necesitamos límites y barreras, a fin de poder vivir para Dios y su gloria.

De este lado de la cruz, a veces los cristianos se preguntan qué tiene que ver con nosotros las leyes del Antiguo Testamento. Si Cristo cumplió la ley y sacrificó su vida por nosotros, ¿todavía necesitamos cumplir la ley de Dios? El reformador Martín Lutero pensó que la ley sirve para mostrarnos nuestra necesidad de Cristo. Nos lleva al evangelio, pues cuando leemos la ley de Dios, esta actúa como un espejo que revela el pecado que hay en nuestro corazón y nos impulsa hacia Cristo en arrepentimiento y fe (Romanos 3:20). Una vez escuché a un profesor en la universidad decir que es imposible leer

Aunque ya no guardamos las leyes ceremoniales debido a que Cristo es el sacrificio supremo por el pecado, tenemos el llamado a seguir a Cristo. Tenemos el llamado a vivir como Él.

Levítico y no ver a Cristo. Eso se debe a que, al leerlo, nos damos cuenta de la profundidad de nuestro pecado. Nos damos cuenta de que no hay forma alguna de obedecer a Dios y vivir una vida perfecta. Necesitamos un Salvador.

Además, debido a que somos seres caídos y propensos al pecado, la ley ayuda a frenar el pecado. Al tener leyes y consecuencias por violarlas, evita que seamos tan pecadores como podríamos serlo. Aunque nos gustaría pensar que la gente hará lo bueno, que no necesitamos reglas que nos gobiernen, sabemos lo contrario. ¿Recuerdas la primera vez que tu hijo dijo una mentira o solo te desobedeció? No fue algo que tuviste que enseñarle; más bien fue algo inherente de su naturaleza pecaminosa. Sin límites haremos lo que nos viene por naturaleza. Las leyes y los reglamentos le traen orden al mundo[1].

Para los creyentes, las leyes y reglas de Dios también nos ayudan a comprender quién es Dios y lo que es importante para Él. Como portadores de su imagen creados para vivir para su gloria, necesitamos saber lo que le glorifica. Cuando leemos la Palabra de Dios y sus mandamientos, aprendemos lo que le agrada a Él. Aprendemos lo que le da honra y alabanza. Aunque no estamos sujetos al antiguo pacto como lo estaba Israel, y ya no guardamos las leyes ceremoniales debido a que Cristo es el sacrificio supremo por el pecado, tenemos el llamado a seguir a Cristo. Tenemos el llamado a vivir como Él (1 Corintios 11:1; Colosenses 1:9-12; Efesios 5:1-2). Tenemos el llamado a ser como Él.

La obediencia de las reglas de Dios a la luz del evangelio

Nuestra obediencia a los mandamientos de Dios tiene sus raíces en Cristo y en el evangelio. Cuando leemos el Nuevo

Testamento, encontramos muchos mandamientos y amonestaciones. Estas reglas e instrucciones nos enseñan a vivir para Dios como cristianos. Estas amonestaciones nunca están solas porque siempre están atadas a la verdad del evangelio, a quién es Cristo y lo que ha hecho. A menudo los teólogos hacen referencia a estas verdades fundamentales del evangelio como «indicativos». Un indicativo nos dice lo que Dios ha hecho por nosotros en Cristo y quiénes somos como resultado. Entonces, lo que le sigue son las instrucciones o los mandamientos, lo que los teólogos llaman «imperativos». Un imperativo nos dice cómo vivir estas verdades. El imperativo tiene sus raíces en el indicativo. Por ejemplo, Efesios 5:2 nos dice: «Andad en amor, así como también Cristo os amó y se dio a sí mismo por nosotros, ofrenda y sacrificio a Dios, como fragante aroma». Tenemos el llamado a andar en amor (el imperativo) por lo que Cristo hizo por nosotros con su muerte en la cruz (el indicativo).

Al leer las Escrituras, esto es importante para nosotros. Cuando nos encontramos con una instrucción que debemos seguir, tenemos que recordar cómo está atada al evangelio. Obedecemos las reglas de Dios por lo que Cristo es para nosotros. Obedecemos los mandamientos de Dios en Cristo y por medio de Cristo. Es la fuente de nuestra obediencia. Dios mira la vida perfecta que Jesús vivió en nuestro lugar. Ve la justicia de Cristo y no nuestro pecado. Acepta el pago de Cristo por nuestro pecado como si lo hubiéramos pagado nosotros mismos. ¡Qué gracia tan maravillosa! Por la fe en lo que hizo Cristo, estamos cubiertos con Cristo y su obediencia. Nos vestimos con su justicia. Obedecemos por amor y gratitud por esta maravillosa gracia. Aun así, ¡hay más gracia! Recibimos el don del Espíritu. Él obra en nosotros y nos ayuda a quitarnos la ropa del pecado y vestirnos de justicia. Obra en nuestro corazón y nos da un amor por la ley de Dios que nos hace desear obedecerla.

Como vimos en el capítulo 2, somos hijos de Dios, adoptados en amor desde antes de la creación del mundo. Nuestro Padre es un buen Padre y sus límites para nosotros son buenos. También son para nuestro bien. Nos ayudan a no pecar. Nos muestran quién es Dios, a fin de que le podamos honrar y glorificar. Nos muestran cómo podemos proyectar su imagen. Y también nos muestran cuánto necesitamos un Salvador.

Los padres cristianos debemos entender el lugar que tienen las leyes y las reglas de Dios en nuestra vida. Sus mandamientos representan un papel importante en nuestras propias reglas para nuestros hijos. Nos ayudan a ver la importancia y la necesidad de ponerles límites a nuestros hijos, porque al hacerlo, les guiamos hacia Dios.

Los límites para nuestros hijos

Después de cuarenta años de vagar en el desierto, el pueblo de Dios por fin estaba listo para entrar en la Tierra Prometida. En el libro de Deuteronomio, Moisés los preparó para entrar. Les recordó todo lo que habían aprendido acerca de Dios y de sí mismos. En Deuteronomio 5, les repitió los Diez Mandamientos. Entonces, les enseñó la importancia de enseñarles a sus hijos lo aprendido:

> Y estas palabras que yo te mando hoy, estarán sobre tu corazón; y diligentemente las enseñarás a tus hijos, y hablarás de ellas cuando te sientes en tu casa y cuando andes por el camino, cuando te acuestes y cuando te levantes. Y las atarás como una señal a tu mano, y serán por

> insignias entre tus ojos. Y las escribirás en los postes de tu casa y en tus puertas. (Deuteronomio 6:6-9)

Moisés exhortó al pueblo de Dios a enseñarles a sus hijos quién es Dios y lo que había hecho. Debían enseñarles cómo amarle de todo corazón, mente, alma y fuerza. Debían enseñarles la ley de Dios, y no solo una vez, sino en todo momento y lugar.

Recuerdo que, cuando era mamá primeriza, leí este pasaje y pensé en cómo enseñarle a mi hijo quién es Dios y lo que ha hecho cada día, a lo largo de todo el día y en cualquier lugar al que fuéramos. Este pasaje se convirtió en la base para disciplinar a mis hijos. Me ayudó a ver que Dios no está limitado a un aspecto de nuestra vida; Él *es* nuestra vida.

Como creyentes, necesitamos enseñarles a nuestros hijos quién es Dios, lo que espera de nosotros y lo que significa vivir para Él. Lo hacemos cuando proyectamos su imagen en los límites que creamos para nuestros hijos. Tener reglas y límites es importante. Nuestros hijos necesitan saber lo que es bueno y justo hacer, y lo que no lo es. Necesitan saber lo que es seguro y lo que les hace daño. Necesitan que les señalemos el camino estrecho de la vida y les advirtamos de lo que sucede cuando se desvían de él. «En la senda de la justicia está la vida, y en su camino no hay muerte» (Proverbios 12:28). La Palabra de Dios nos enseña cuál es esa senda, y nos llama a señalársela a nuestros hijos también.

Aprendimos que uno de los usos de la ley de Dios es frenar el pecado. Como nosotros, nuestros hijos nacen pecadores y necesitan reglas y límites para ayudar a frenar su pecado. Por eso no los dejamos quedarse con el juguete de un amiguito durante el tiempo de juego. Por eso les enseñamos a usar sus palabras cuando se sienten frustrados en vez de gritar airados.

Como padres, también sabemos lo que es bueno y lo que es mejor para ellos. Sabemos lo que les puede hacer daño y lo que no. Por eso desde temprano no los dejamos tocar una olla caliente y por qué hacemos que tomen nuestra mano para cruzar la calle. Por eso no los dejamos comer lo que quieren cuando quieren ni mirar televisión todo el día. Debido a que todos nacemos en pecado y tenemos una naturaleza caída, si no tenemos reglas ni límites, seguiremos los deseos y pasiones de nuestro corazón pecaminoso. Esto también es válido para nuestros hijos. Necesitan que les pongamos límites porque no pueden hacerlo por sí mismos.

Al igual que Dios lo hace con nosotros, también nosotros les ponemos límites y reglas a nuestros hijos para ayudarlos a encontrar a su Salvador. Les enseñamos lo que Dios espera de ellos. Les enseñamos sus mandamientos de la Escritura. Les enseñamos a obedecer a Dios obedeciéndonos a nosotros. Les enseñamos lo que glorifica a Dios. Sin embargo, al hacerlo, también les enseñamos el evangelio. Les enseñamos quién es Cristo, para qué vino, y cómo su vida y muerte pagaron el precio de nuestro pecado. Cuando no obedecen, cuando cruzan la línea de los límites que les hemos puesto, les mostramos cuánto necesitan a Jesús y el perdón de pecado. Usamos reglas y límites que les ayuden a aprender a correr a la cruz y recibir el regalo gratuito de la gracia de Dios en Cristo. También nosotros mismos somos ejemplos en esto cuando nos arrepentimos de nuestros pecados.

No todas las reglas son buenas

Sin embargo, debemos ser cautos en este punto; no solo tener reglas es lo que glorifica a Dios, pues no todas las reglas son iguales. Los fariseos tenían muchas reglas, pero no glorificaban a Dios. «¡Ay de ustedes, maestros de la Ley y fariseos, hipócritas!, que son como sepulcros blanqueados. Por fuera lucen hermosos, pero por dentro están llenos de huesos de muertos y de impurezas. Así también ustedes, por fuera dan la impresión de ser justos, pero por dentro están llenos de hipocresía y de maldad» (Mateo 23:27-28, NVI®). Los fariseos le añadieron a las leyes de Dios. Agregaron reglas y límites más allá de lo que Dios declaró, al punto que estas reglas se convirtieron en una carga pesada para el pueblo. Estas reglas son lo que hoy llamamos «legalismo». El legalismo moderno no es solo reglas y límites adicionales, sino que incluye las veces en que presentamos los imperativos de la Biblia sin el indicativo.

Cuando mis hijos eran pequeños, los dejaba jugando en casa de un amigo y les decía algo así como: «¡Sean buenos!». Me parecía bien que lo dijera, pues era un recordatorio de que no quebrantaran las reglas y se arriesgaran a que no los volvieran a invitar. Sin embargo, como sabemos, a causa de nuestra naturaleza pecaminosa, nadie es bueno. Cuando les digo a mis hijos que sean buenos, implica que son capaces de hacerlo por su cuenta, aparte de la obra de Dios en su interior. Además, si son capaces de ser buenos, no necesitan un Salvador. Quizá debería haberles dado un imperativo unido al indicativo: «Acuérdense de amar a sus amigos como Dios los ama a ustedes».

El legalismo produce hipocresía. Los legalistas se enfocan tanto en sus propias reglas que no hacen lo que Dios les llama a hacer. Esto significa que debemos tener cuidado de que las reglas que establezcamos sean reglas piadosas. Nuestras reglas deben ser coherentes con las reglas de Dios y buscar glorificarlo. Esto puede significar que evaluemos nuestro propio corazón y preguntarnos: «¿Esta regla es para la gloria de Dios o para mi comodidad?».

Puede significar que nos preguntemos: «¿Se trata de mí y de mi conveniencia o de lo que mi hijo necesita en realidad?». Puede significar que consideremos nuestros motivos: «¿Implementé esta regla para aparentar debido a que me importa lo que piensen los demás?». Algunas reglas son innecesarias y, en lugar de ayudar a nuestros hijos, no hacen más que agraviarlos. Pablo advierte contra esto en Efesios: «Padres, no provoquéis a ira a vuestros hijos, sino criadlos en la disciplina e instrucción del Señor» (6:4).

Debemos hacer distinción entre las reglas de Dios y las nuestras. A veces coinciden, pero otras no. A menudo tenemos que establecer ciertas reglas en el hogar para mantener el orden y la paz. Cuando termines, pon tu plato en el lavaplatos. Túrnense para usar la computadora. La hora de dormir es a las nueve de la noche. Mi pastor les explica a sus hijos que existe una diferencia entre la ley de Dios y las reglas que tienen en la casa[2]. Estas reglas no tienen el mismo peso que las leyes de Dios y no se pueden igualar. Se han establecido porque todos los hogares necesitan reglas para funcionar. Será útil para nuestros hijos que les expliquemos esas diferencias.

Las reglas en la vida diaria

Moisés instó al pueblo de Dios a que, durante todo el día, les recordara a sus hijos quién es Dios y sus mandamientos. Eso se debe a que somos muy olvidadizos. Tenemos corazones obstinados e inestables. Necesitamos constantes recordatorios. ¿Cómo podemos enseñar y recordarles a nuestros hijos las reglas de Dios y, lo que es más, por qué las necesitamos?

Durante los tiempos devocionales, podemos leerles la Palabra de Dios en voz alta a nuestros hijos, enseñándoles quién es

Dios, lo que le agrada y por qué Jesús vino a salvarnos. Podemos ayudar a nuestros hijos a aprender los mandamientos de Dios haciendo que memoricen versículos y pasajes bíblicos. Cuando les enseñamos los mandamientos de Dios, les podemos preguntar cosas como: ¿Qué nos enseña este mandamiento acerca de Dios y de quién es Él? ¿Podemos cumplir este mandamiento a la perfección? ¿Por qué no? ¿Qué hizo Jesús por nosotros en su vida perfecta? ¿Qué podemos hacer si quebrantamos uno de los mandamientos de Dios, como cuando decimos una mentira o somos crueles con nuestro hermano o hermana?

La música es un arma poderosa para aprender y hay muchos versículos hechos canciones para ayudar con el aprendizaje. Otro método para enseñar es escribir. Los niños que están aprendiendo a escribir pueden practicar apuntando versículos de la Biblia. Los mayorcitos pueden escribir el pasaje completo. Como escribió David: «He guardado tu palabra en mi corazón, para no pecar contra ti» (Salmo 119:11, NTV).

También ayuda poner las reglas familiares en un lugar donde todos las puedan ver. Para los niños pequeños que aún no saben leer, podemos proporcionarles imágenes o gráficos para ayudarlos a recordar la regla. Cuando necesiten un recordatorio, podemos apuntar a las reglas y decir: «Recuerda, en nuestra casa siempre nos lavamos las manos antes de comer». O: «En la familia Smith, mostramos nuestro amor ayudándonos unos a otros».

En mi propia familia, hemos escrito las leyes importantes en forma de acuerdo. Lo hemos hecho de manera específica en el ámbito del uso del tiempo frente a la pantalla. Tanto nosotros como padres como nuestros hijos elaboramos juntos el acuerdo y, luego, lo firmamos todos. Tener algo por escrito es útil para consultarlo y asesorarse cuando uno de los padres o el hijo olvida las reglas.

Los límites son buenos. Todos somos pecadores y necesitamos saber lo que le agrada a Dios y lo que no. Nuestro Padre nos ha dado reglas en su Palabra. Estas reglas son para nuestro bien y, al obedecerlas, lo glorificamos. Como padres, les mostramos a nuestros hijos quién es Dios cuando les establecemos límites. Cualesquiera que sean, que le den gloria a Dios y dirijan a nuestros hijos a ver su necesidad de un Salvador, Jesucristo.

Preguntas para discusión

1. ¿Qué experiencias tuviste con las reglas cuando eras joven? ¿Cómo le dieron forma a tu opinión de las reglas y los límites ahora?

2. ¿Qué reglas has establecido en tu familia? ¿Por qué son necesarias las reglas y los límites?

3. ¿Qué propósito tiene la Ley para los cristianos? ¿Cómo nos ayuda a entender las instrucciones de Dios para conocer el indicativo y el imperativo?

4. Lee una sección del Salmo 119. ¿Qué ama el salmista de la ley de Dios?

5. ¿Cuáles son algunos ejemplos de reglas legalistas, esas que le añadimos a la ley de Dios?

6. ¿Cómo pueden enojar a nuestros hijos algunas reglas? ¿Cómo podemos saber si una de nuestras reglas glorifica a Dios o si es para nuestro propio bien y comodidad?

7. ¿Cómo puedes proyectar hoy la imagen de Dios en los límites que les pones a tus hijos?

La oración de un padre

Padre, gracias por tu ley. Es perfecta, santa y justa, al igual que tú. La ley me muestra tu bondad y lo que te agrada. Perdóname por mi corazón rebelde que busca su propio beneficio. Te pido que me des un corazón como el del salmista, un corazón que ame tu ley. Cuando lea tu ley y tus mandamientos en la Biblia, ayúdame a verte a ti y a mi necesidad de Cristo. Úsame como padre para mostrarles a mis hijos cuánto necesitan un Salvador. Ayúdame como padre a poner reglas y límites que apunten a ti.

En el nombre de Jesús, amén.

5

DIOS NOS ENSEÑA Y NOS INSTRUYE

A nuestra familia le encanta hacer senderismo. Hemos viajado por todas partes para explorar senderos de montaña. Cuando los niños eran pequeños, empezamos con senderos fáciles de un kilómetro y medio en las montañas del norte de Georgia. A medida que crecían, probábamos con senderos más largos. Luego añadimos otros con pendientes pronunciadas. La primera vez que intentamos una caminata de seis kilómetros con nuestros hijos, estábamos en Alaska visitando a la familia. Mi esposo y yo no estábamos seguros de que el sendero fuera demasiado largo y arduo; era la caminata más larga que nuestros hijos habían hecho hasta entonces. Además, era un día ventoso y fresco. El camino no tenía muchos cambios en la elevación, pero era largo. Comenzaba en una zona boscosa, lo cual proveyó protección del viento y del frío. Sin embargo, a medida que nos acercábamos al final, dejamos atrás la cobertura de los árboles y estábamos expuestos a los elementos. ¡Hacía frío! En general, a los niños les fue muy bien en la caminata. El más pequeño se perdió el último kilómetro y regresó antes de terminar con otro familiar. Mi esposo y yo estábamos emocionados por el éxito, pues esto significaba que ya los podíamos llevar a caminatas más largas. Desde entonces, hemos recorrido los bosques de secuoyas de Yosemite, las Cascadas de Washington y los caminos desiertos del Parque Nacional de los Arcos.

Cuando salimos de excursión, algunos senderos nos llevan por terrenos difíciles. Nos encontramos subiendo cuestas, cruzando arroyos y riachuelos, y deslizándonos con cuidado por estrechos salientes con pronunciadas caídas justo debajo de nuestros pies. Incluso hemos recorrido senderos tan empinados que el parque nos ha proporcionado cuerdas para sujetarnos. El cambio de elevación a menudo nos deja sin aliento, y debemos detenernos con frecuencia para beber agua. Sin embargo, luego llegamos al final del sendero y tenemos la recompensa de una vista impresionante. Una cascada. Un cañón profundo. Un arco asombroso. Un panorama de picos nevados.

A veces, miro hacia atrás al sendero que nos llevó a nuestro destino. Puedo ver el largo y sinuoso camino en zigzag que nos llevó a nuestra recompensa. Puedo ver hasta dónde hemos llegado. Aunque la caminata fue ardua y a veces me preguntaba si lo conseguiríamos, al final valió la pena. ¡Y tengo las fotos para comprobarlo!

Lo mismo es cierto en mi vida espiritual. A menudo me gusta recordar el camino que he recorrido en mi relación con Dios. Me maravillo de su bondad y su gracia a lo largo de los años. Recuerdo quién era antes y quién soy ahora.

El viaje de la fe

Puedo ver cómo todos los caminos que tomé me llevaron a donde estoy hoy. Puedo ver cómo Dios me llevó por senderos cortos y fáciles a veces y por senderos difíciles en otras ocasiones. Veo los lugares donde caí y necesité ayuda para volver a levantarme. Veo momentos en los que Él me proporcionó el refrigerio y el descanso necesarios, y momentos en los que viajé por senderos oscuros y aterradores, donde el camino por delante estaba oculto, y tuve que concentrarme en poner un pie delante del otro. Aun así, a lo largo de todo el camino, veo la fidelidad de Dios. Aún me queda mucho camino por recorrer, porque mi viaje aún no ha terminado. Y aunque he aprendido mucho en el viaje, sé que aún me queda mucho por aprender.

Hay un libro maravilloso, una alegoría que habla de la vida cristiana como un viaje, llamado *El progreso del peregrino*. Es el viaje de un hombre llamado Cristiano que viaja de la Ciudad de Destrucción a la Ciudad Celestial. A lo largo del camino se encuentra con creyentes que lo animan y ayudan, así como con incrédulos que lo distraen y tratan de desviarlo. Tiene períodos de descanso y refrigerio, y otros en los que libra batallas internas y externas. Experimenta dudas, dificultades y tristezas. Se equivoca de camino y sufre las consecuencias. Al final llega a su destino. Este superventas de siglos de antigüedad es útil para que todos los creyentes comprendan cómo la fe cristiana es un viaje.

Todos estamos en un viaje, un viaje de fe. Desde el momento de la salvación hasta que llegamos a las puertas del cielo, Dios nos está enseñando y preparando para la eternidad con Él. Nos muestra el camino angosto de la vida. Nos enseña cómo es formar parte de la familia, de los ritmos y caminos de su pueblo.

Nos enseña el bien y el mal, con nuestro hermano mayor, Jesús, como nuestro ejemplo perfecto. Nos advierte contra el pecado. Nos advierte de las consecuencias de alejarnos de Él. Cuando tropezamos, nos perdona y restaura a través de la sangre de su Hijo. A lo largo del viaje, nuestro Padre participa de manera activa en nuestra formación.

Del mismo modo, los padres son los primeros instructores de sus hijos. Como vimos en el capítulo anterior, Deuteronomio 6:4-8 nos enseña que los padres deben instruir a sus hijos acerca de Dios, quién es Él y lo que ha hecho, en todo momento y en todo lugar: al sentarnos, al acostarnos y al levantarnos. En este capítulo veremos cómo Dios nos instruye en justicia. Él nos está convirtiendo en discípulos. Luego exploraremos cómo podemos representar a Dios ante nuestros hijos en la forma en que los discipulamos, en cómo les enseñamos y capacitamos en el camino de la vida.

El campo de instrucción de Dios

No importa cuánto tiempo lleves de cristiano, has estado en un viaje. No importa qué tan avanzado estés en ese viaje, puedes mirar hacia atrás y ver a dónde te ha llevado Dios y lo que te ha enseñado a lo largo del camino. Tu Padre ha estado contigo en cada paso de ese viaje, asegurándose de que tu formación sea a fondo y completa.

El campo de instrucción de nuestro Padre no se encuentra tanto en un aula, aunque hay cosas que aprendemos sobre Él en las aulas. Su obra en nosotros no se centra tanto en mejorar todo lo que sabemos, a fin de que podamos pasar algún tipo de prueba de opción múltiple sobre trivialidades bíblicas, aunque sí moldea nuestro conocimiento de Él. Tampoco se enfoca tanto en lo que la gente ve por fuera, aunque es inevitable que nuestra instrucción cambie lo que ve la gente. Más bien, el campo de instrucción tiene su centro en nuestro corazón. La instrucción de Dios transforma el centro y la esencia de nuestro ser, haciendo como prometió en Ezequiel: «Les daré un corazón nuevo y pondré un espíritu nuevo dentro de ustedes. Les quitaré ese terco corazón de piedra y les daré un corazón tierno y receptivo. Pondré mi Espíritu en ustedes para que sigan mis decretos y se aseguren de obedecer mis ordenanzas» (Ezequiel 36:26-27, NTV).

En el Nuevo Testamento, leemos sobre los fariseos. Estaban altamente capacitados en las Escrituras del Antiguo Testamento. Dedicaron sus vidas a guardar la ley, y algo más. Para asegurarse de seguir la ley, crearon reglas y pautas adicionales, más allá de lo que ya Dios les había dado. Sin duda, sabían mucho. Sin embargo, sus conocimientos no eran más que eso. No transformaba sus vidas. No les cambiaban el corazón. Por el contrario, su conocimiento los envanecía. Los hacía creer que podían ganar su justicia ante Dios. Los hacía pensar que eran santos y que todos los demás no lo eran. Entonces, llegó Jesús.

A través de todo su ministerio, Jesús se enfrentó al legalismo y al orgullo de los fariseos. En Mateo 15, hablaron en su contra porque los discípulos no seguían el ritual de lavarse las manos. Así que Jesús les recordó Isaías 29:13 y les dijo: «Mas en vano me rinden culto, enseñando como doctrinas preceptos de hombres» (Mateo 15:9). Todas sus reglas y sus intentos de santidad solo los alejaba de Dios en vez de acercarlos a Él. Por fuera, parecían justos y santos, pero en el corazón, en el mismo centro de su ser, no lo amaban. Su comportamiento externo puede haberse conformado a la lista de reglas que habían creado, pero en su interior todavía estaban fríos y muertos.

A continuación, Jesús les explicó a los discípulos que no es lo que la gente ingiere lo que la contamina, sino lo que ya está dentro. No lavarse las manos no lo convierte a uno en pecador; más bien, es lo que sale del corazón. Lo dijo así:

> Pero lo que sale de la boca proviene del corazón, y eso es lo que contamina al hombre. Porque del corazón provienen malos pensamientos, homicidios, adulterios, fornicaciones, robos, falsos testimonios y calumnias. Estas cosas son las que contaminan al hombre; pero comer sin lavarse las manos no contamina al hombre. (Mateo 15:18-20)

Nuestro mayor problema, nuestro pecado, no viene de fuera de nosotros, sino de dentro. Si bien sabemos esto acerca de nosotros mismos, también debemos recordarlo de nuestros hijos. A veces es tentador pensar que el mayor problema de nuestros hijos es algo externo: amistades, desafíos escolares, barreras para el éxito, pero su mayor problema es el mismo que el nuestro: el pecado. Sin embargo, por medio de Cristo tenemos la solución a ese problema: Él nos lavó y nos hizo nuevos mediante su sangre derramada en la cruz. ¡Y esa solución debemos enseñárselas a nuestros hijos!

Después que Jesús murió, resucitó y ascendió al cielo, el Padre envió el Espíritu Santo para vivir en el corazón de su pueblo. En Juan 14, Jesús les dijo a los discípulos lo que podían esperar del Espíritu: «Pero el Consolador, el Espíritu Santo, a quien el Padre enviará en mi nombre, les enseñará todas las cosas y les hará recordar todo lo que he dicho» (v. 26, NVI®). El Espíritu representa un papel importante en la instrucción de nuestro corazón. Nos enseña, nos instruye y nos guía hacia la justicia.

Nos hace recordar la verdad. Nos convence de pecado, y luego nos quita ese pecado para vestirnos de justicia. Le da ánimo a nuestro corazón y afirma nuestra posición de hijos. Ora al Padre en nuestro nombre. Nos da dones que podemos usar para la gloria de Dios. Produce fruto dentro de nosotros. Toda esta obra es un proceso; un proceso que llamamos santificación.

Al igual que los fariseos, podríamos considerar nuestro crecimiento en santidad (santificación) como algo que hacemos; y es cierto, hay algo de trabajo de nuestra parte. Debemos ceder a la obra del Espíritu dentro de nosotros. Aun así, nuestra transformación es, a fin de cuentas, una obra del Espíritu, y esa obra viene a nosotros por la gracia de Dios. Como escribió Pablo en Tito 2:11-14:

> Porque la gracia de Dios se ha manifestado, trayendo salvación a todos los hombres, enseñándonos, que negando la impiedad y los deseos mundanos, vivamos en este mundo sobria, justa y piadosamente, aguardando la esperanza bienaventurada y la manifestación de la gloria de nuestro gran Dios y Salvador Cristo Jesús, quien se dio a sí mismo por nosotros, para redimirnos de toda iniquidad y purificar para si un pueblo para posesión suya, celoso de buenas obras.

No solo somos salvos por la gracia de Dios, sino que también su gracia nos instruye. Su gracia nos prepara para hacer morir el pecado dentro de nosotros y luego nos instruye en cómo vivir para Él.

No solo somos salvos por la gracia de Dios, sino que también su gracia nos instruye. Su gracia nos prepara para hacer morir el pecado dentro de nosotros y luego nos instruye en cómo vivir para Él. Pablo nos recuerda que esta es la razón por la que Cristo murió por nosotros: para redimirnos y luego transformarnos en su pueblo que vive una vida piadosa. ¡Qué buenas noticias! Dios nos salva por su gracia, nos adopta por su gracia y después nos transforma por su gracia. Gracia sobre gracia sobre gracia.

Métodos para instruir el corazón

¿Cuáles son los métodos que nuestro Padre usa para enseñarnos a ser como su Hijo? ¿Qué aspecto tiene esta formación en nuestras vidas? Más aún, ¿qué nos dice sobre la crianza de nuestros hijos? Se ha escrito mucho sobre el proceso de santificación, pero he aquí algunas cosas a tener en cuenta:

Él nos instruye donde estamos

Dios se encuentra con nosotros en el lugar donde estamos. No se adelanta mucho en el viaje y nos llama desde lejos. Se nos acerca y nos enseña donde mismo estamos. Nos enseña aquí y ahora, en medio de nuestras circunstancias actuales. Se encuentra con nosotros en nuestro trabajo, nuestro hogar, nuestras relaciones, nuestros anhelos y deseos, nuestro pecado y nuestras luchas, y en nuestro sufrimiento. Usa cada circunstancia, grande o pequeña, para enseñarnos acerca de nosotros mismos, nuestra necesidad de Él, y acerca de quién es Él. Como una madre que se levanta del banco del parque para mirar a su hijo a los ojos y hablarle acerca de las palabras de ira que le gritó a su hermana, nuestro Padre viene a nosotros en nuestras propias circunstancias para enseñarnos el camino de justicia.

Considera cómo Cristo se encontró con la mujer en el pozo en Juan 4. Los judíos no les hablaban a los samaritanos, y mucho menos a una samaritana. Jesús, en cambio, se encontró con ella en el pozo. No solo se trataba de una samaritana, sino que su pecado era público. Había tenido varios maridos, y el hombre con quien ahora vivía no era su marido (v. 18). Jesús tocó su necesidad y deseo más profundos, y le dijo que solo Él podía satisfacerlos; solo Él podía darle el agua que sacia (vv.13-14).

Él nos instruye con el tiempo

La historia de Cristiano en *El progreso del peregrino* se desenvuelve a lo largo de su vida, desde la salvación hasta la muerte. Dios nos instruye a lo largo del tiempo, cada momento de cada día por toda la vida. Aunque Dios nos mira como santos y justos por causa de la obra de Cristo en nosotros, y aunque nos ha liberado del poder del pecado sobre nosotros, la presencia del pecado todavía está en nosotros. Por eso nuestra santificación es un evento que dura toda la vida. Hasta que lleguemos a la gloria batallaremos con el pecado. Además, Dios no nos muestra todo lo que tenemos que saber de una vez; Él nos lo revela de forma gradual con el tiempo. Imagínate si nos mostrara de una vez todo lo que debemos saber, ¡cuán agobiante sería! Como un padre que le da a un hijo en crecimiento cada vez más responsabilidades, primero doblar toallas, luego camisas y pantalones, y por fin lo enseña a usar la lavadora, Dios nos instruye con el tiempo.

Esto lo vemos en la vida de Pablo. Al comienzo de su vida cristiana se describe a sí mismo como el más insignificante de los discípulos (1 Corintios 15:9). Él persiguió a la iglesia y no se sentía digno de ser un discípulo. Más tarde, después de madurar en la fe y ver más la profundidad de su pecado, se describió como el primero de los pecadores (1 Timoteo 1:15). Mientras más cercano estaba de Dios, más cuenta se daba de la santidad de Dios, y el contraste de su propia impiedad. No se hizo más pecador al envejecer; solo vio poco a poco quién era en realidad y cuánto necesitaba la gracia de Dios en su vida.

Su instrucción no siempre es lineal

Aunque marchamos hacia adelante a una meta final, la eternidad con Dios, nuestra instrucción no siempre es lineal. En la alegoría de *El progreso del peregrino*, vemos a Cristiano progresar en su viaje, pero otras veces se atasca. O lo tientan y se desvía del camino. O lo hieren en la batalla. Lo mismo nos sucede a nosotros. No necesariamente aprendemos una lección una vez y luego avanzamos a la próxima. A veces, las lecciones se repiten. Parece que la aprendemos y más tarde tenemos que volver a aprenderla. A veces, practicamos la misma lección por toda la vida. A menudo me acuerdo de esta verdad cuando me encuentro repitiéndole la misma lección a mi hijo. Si yo tengo que aprender y reaprender lecciones, no debería sorprenderme que mis hijos tengan que hacerlo también.

En los Evangelios, vemos a Pedro aprendiendo lecciones similares. Pedro era impulsivo y con frecuencia decía lo equivocado en el momento equivocado. Aunque fue el primero de los discípulos en profesar quién era Cristo (Mateo 16:16), también se pronunció en contra de la enseñanza de Jesús de que sufriría y moriría (Mateo16:22). Luchó y cedió a sus miedos, tanto cuando arrestaron a Jesús como tres veces antes de que cantara el gallo (Mateo 26:75), y también cuando temió lo que los judaizantes pensaran de él (Gálatas 2:11-14). Sin embargo, el Señor obró en Pedro y, al final, aprendió y creció a partir de esas experiencias. Más tarde escribió estas palabras:

> En lo cual os regocijáis grandemente, aunque ahora, por un poco de tiempo si es necesario, seáis afligidos con diversas pruebas, para que la prueba de vuestra fe, más preciosa que el oro que perece, aunque probado por fuego, sea hallada que resulta en alabanza, gloria y honor en la revelación de Jesucristo. (1 Pedro 1:6-7)

Pedro llegó a ser la roca que Cristo le dijo que sería. Lo mismo sucede con nosotros. Podemos detenernos y volver a comenzar, podemos tropezar una y otra vez, pero Dios termina la obra que comenzó en nosotros.

Él nos instruye de manera diferente

En *El progreso del peregrino,* Cristiano se encuentra con un amigo llamado Fiel que le acompaña en el viaje por un tiempo hasta que pierde la vida en la ciudad de Vanidad. Aunque sus viajes coincidieron durante un tiempo, el de Fiel fue diferente al de Cristiano. Esto es cierto para nosotros como creyentes; no hay dos cristianos que tengan la misma historia. Algunos nacimos en hogares cristianos y aprendimos quién es Dios a una edad temprana. Otros se salvaron más tarde en la vida. También tenemos diferentes historias sobre cómo Dios nos instruye y santifica. Algunos tenemos diferentes lecciones que aprender que otros. Todos tenemos diferentes pecados y tentaciones. Todos experimentamos diferentes tipos de sufrimientos y dificultades.

Considera a los apóstoles. A Pablo lo llamaron de manera única mientras iba camino a Damasco para perseguir a los cristianos. Pedro luchó contra el miedo a los hombres. Tomás necesitó tocar las heridas de Jesús antes de creer que había resucitado. Algunos de los apóstoles supieron con antelación cómo sufrirían y morirían por Cristo (Juan 21:19; Hechos 9:16). Otros no. El apóstol Juan no fue mártir, pero pasó tiempo desterrado en una isla. Dios les enseña a sus hijos y les instruye de formas diferentes, según sus necesidades y su voluntad para sus vidas. Sean cuales sean esos caminos, son para nuestro bien (Romanos 8:28).

Él nos instruye por su Palabra

En Juan 17:17, Jesús oró: «Santifícalos en tu verdad; tu palabra es verdad». La Biblia es el método principal que el Espíritu usa para transformarnos. Pablo le dijo a Timoteo que la Palabra de Dios es «inspirada por Dios y útil para enseñar, para reprender, para corregir, para instruir en justicia» (2 Timoteo 3:16). Mientras que otros libros que leemos pueden causar algún impacto en nuestra vida, solo la Palabra de Dios es viva. Solo la Palabra de Dios puede ver el corazón, «porque la palabra de Dios es viva y eficaz, y más cortante que cualquier espada de dos filos; penetra hasta la división del alma y del espíritu, de las coyunturas y los tuétanos, y es poderosa para discernir los pensamientos y las intenciones del corazón» (Hebreos 4:12). Al leer, estudiar y meditar en la Palabra de Dios, esta nos convence de pecado, nos señala el evangelio, nos enseña quién es Dios, nos revela el camino de la vida y nos prepara para la eternidad. La Palabra de Dios es nuestra vida misma (Deuteronomio 32:47).

Él nos instruye por las experiencias de la vida

Nuestra instrucción no se hace realidad en los límites de un laboratorio, sino en nuestra vida cotidiana. Al enfrentarnos con los desafíos de cada día, grandes y pequeños, tenemos la oportunidad de aprender y crecer en la fe. En el semáforo, cuando se nos hace tarde para llegar al trabajo, podemos aprender a aplacar el enojo o a confiar en la soberanía de Dios sobre nuestro tiempo. Cuando el sufrimiento y las pruebas vienen a nuestra vida, aprendemos lecciones también; lecciones de confianza, perseverancia y el poder de Dios en nuestra debilidad. Aprendemos a no depender de nosotros mismos, sino de la gracia de Dios. Cuando reaccionamos con impaciencia y palabras rudas con nuestros hijos, también aprendemos. Aprendemos más acerca de nuestra necesidad de Cristo y del perdón de pecados. A veces aprendemos lecciones cuando se desafían a nuestros ídolos de alguna manera, como cuando nuestros hijos no tienen el éxito que esperábamos en algo en particular. Entonces, aprendemos que solo Dios es nuestra vida y esperanza, y que ningún otro dios o ídolo falso nos puede satisfacer. Todas las experiencias de nuestra vida son oportunidades establecidas de manera divina, a fin de aprender y crecer en santidad.

Él nos instruye junto a otros

Nuestro Padre no nos instruye en aislamiento; nos instruye en un contexto de comunidad: la iglesia. Usa a nuestros hermanos y hermanas en Cristo para animarnos, equiparnos y exhortarnos, de modo que sigamos adelante en la fe. Nos recuerdan quiénes somos y cuál es nuestra identidad como hijos de Dios. Nos señalan el evangelio y nos instan a mantener la vista fija en nuestro hermano mayor, Jesucristo, quien pagó por nuestro pecado. Nos ayudan en nuestro crecimiento como discípulos en la fe, enseñándonos lo que han aprendido de Dios y su Palabra. Lloran con nosotros, se regocijan con nosotros y comparten todo lo que tienen. A veces nos avisan cuando nos hemos desviado del camino angosto y nos ayudan a encontrar el camino de regreso. Y, como diría Trillia Newbell: «Las relaciones en la iglesia pueden ser el método que Dios usa para acercarnos a Él»[1]. Las relaciones sinceras y vulnerables que mantenemos con los demás en la Iglesia pueden ayudarnos a aprender a ser sinceros y vulnerables con nuestro Padre. Aprender a depender de nuestros hermanos y hermanas mientras caminan a nuestro lado en este viaje, puede mostrarnos cómo crecer en una mayor dependencia de nuestro Padre.

Del mismo modo, criamos a nuestros hijos en el contexto de una comunidad, en una familia. Como el cuerpo de Cristo, también animamos, enseñamos y exhortamos a nuestros hijos para que conozcan al Señor y crezcan en su fe. Y la relación que tenemos con nuestros hijos les ayuda a relacionarse con su Padre celestial.

Como podemos ver, nuestro Padre es intencional en instruirnos en el camino de la justicia. Usa una variedad de modos y circunstancias. Nos enseña dónde estamos y con la lección exacta que necesitamos. Dedica tiempo para considerar todas las maneras que Dios usa para enseñarte quién es Él y lo que ha hecho. ¿Qué impacto puede causar la instrucción de tu Padre en la crianza y el discipulado de tus hijos?

La instrucción de nuestros hijos

Como padres, es un privilegio presentarle a nuestros hijos a su Padre celestial. No solo es un privilegio, sino también una responsabilidad importante que no podemos tomar a la ligera. En el Salmo 78, el salmista escribe sobre el deber de los padres de transmitirle las verdades de Dios a la siguiente generación:

> No lo ocultaremos a sus hijos, sino que contaremos a la generación venidera las alabanzas del SEÑOR, su poder y las maravillas que hizo. Porque Él estableció un testimonio en Jacob, y puso una ley en Israel, la cual ordenó a nuestros padres que enseñaran a sus hijos; para que la generación venidera lo supiera, aun los hijos que habían de nacer; y estos se levantaran y lo contaran a sus hijos, para que ellos pusieran su confianza en Dios, y no se olvidaran de las obras de Dios, sino que guardaran sus mandamientos. (vv. 4-7)

Este salmo nos recuerda que Dios nos ha dado la responsabilidad de instruir y enseñar a nuestros hijos a conocer a Dios, quién es y lo que ha hecho por nosotros en Cristo. Nosotros somos sus maestros principales. Aunque tendrán otras personas en su vida que les enseñen y les guíen en la Palabra de Dios (maestros de Escuela Dominical, líderes juveniles, abuelos y otros), nosotros tenemos el papel principal de instruir a nuestros hijos. Esto no significa que tengamos la responsabilidad de su salvación; eso es un don de Dios (Efesios 2:8). Del mismo modo que Dios utiliza nuestras oraciones para llevar a cabo su voluntad, no necesita hacerlo, pero elige hacerlo, Dios también elige usar a los padres como un medio por el cual obra en el corazón de nuestros hijos para acercarlos a Él. Nosotros debemos ser intencionales en instruir y enseñar a nuestros hijos en la fe. No lo hacemos confiando en nuestros propios esfuerzos, sino en el Señor y su obra en sus vidas.

Cuando consideramos cómo Dios nos instruye, sabemos cómo instruir a nuestros hijos. Por supuesto, nuestra instrucción está limitada por nuestra humanidad y nuestro pecado, y no enseñamos a nuestros hijos para santificarlos, esa es la obra del Espíritu. Nuestra enseñanza sirve para guiarlos a Dios. Consideremos algunas maneras de representar a Dios en esa enseñanza.

Cómo representar a Dios en nuestra instrucción

Cada uno de mis hijos es atleta. Desde que estaban en preescolar han participado en deportes de equipo e individuales. Con el correr de los años, han tenido entrenadores que varían en términos de temperamento, estilo de entrenamiento y su forma de reaccionar con los jugadores. Algunos eran puros sargentos que les gritaban y denigraban a los miembros del equipo que no daban la talla. Otros tenían tácticas que incluían entrenamiento en sus puntos débiles, animar a los jugadores con sus palabras, y notar el esfuerzo y la mejoría. No es necesario decir que mis hijos reaccionaban de forma positiva a ciertos entrenadores y no tanto a otros. Es más, ¡uno de ellos logró que los niños ni siquiera quisieran seguir en el deporte! Lo cierto es que un buen entrenador causa un impacto significativo en el desempeño de un jugador.

Como padres, nosotros somos los entrenadores de nuestros hijos, no en un deporte, sino en su conocimiento de Dios. El apóstol Pablo comparó el camino de la fe con el de una carrera (1 Corintios 9:24; 2 Timoteo 4:7). Nosotros queremos entrenar a nuestros hijos para que comprendan la carrera de la fe. Queremos equiparlos y prepararlos para vivir para Dios y su gloria. Como entrenadores, tenemos un campo de entrenamiento, un lugar donde enfocar nuestra instrucción. También, al igual que un entrenador, utilizamos métodos específicos para ayudar a nuestros hijos a crecer en su conocimiento de Dios. Y al hacerlo, comenzamos donde están actualmente y aumentamos la intensidad del entrenamiento a medida que maduran.

Conforme a nuestro tema actual, ¿cómo podemos instruir a nuestros hijos como lo hace el Padre con nosotros?

La instrucción del corazón

La instrucción de nuestro Padre se enfoca en el corazón. Esto es cierto en la crianza de nuestros hijos; necesitamos enseñarle a su corazón. Centrarse solo en la conformidad externa, intentar controlar todas las influencias de su vida y vigilar de cerca todo lo que hacen no llegará al corazón. Aunque debo reconocer que es tentador. A veces, solo quiero que mis hijos se conformen. Quiero enseñarles lo que es justo, y sentarme y observarlos obedecer de inmediato. Sin embargo, las cosas no son así, ¿verdad? Mientras más pienso en la forma en que Dios me instruye, más cuenta me doy de la necesidad de mis propios hijos de ver su verdadera condición como pecadores y su necesidad de Jesús.

Cuando nuestros hijos luchan con el pecado, no podemos verlo como una interrupción inconveniente ni como un motivo de vergüenza ante sus amigos, sino como una oportunidad para recordarles por qué pecan: porque todos pecan. También les podemos recordar que nuestros pecados nos mantienen alejados de una relación con Dios, pero gracias a Jesús, podemos ser perdonados. Juntos podemos orar a Dios acerca de ese pecado y pedirle perdón. Este proceso va directo al corazón.

Si pasamos la mayor parte de nuestra crianza enfocados en la conformidad externa con las reglas y no en ayudar a nuestros hijos a reconocer que son pecadores que necesitan un Salvador, crecerán pensando que son capaces de ser buenos.

Si pasamos la mayor parte de nuestra crianza enfocados en la conformidad externa con las reglas y no en ayudar a nuestros hijos a reconocer que son pecadores que necesitan un Salvador, crecerán pensando que son capaces de ser buenos. También procurarán «ser buenos» por fuera sin conocer a su Salvador por dentro. Esto significa que necesitamos mantener el evangelio al frente y en el centro de toda nuestra enseñanza, señalándoles su necesidad de Cristo y su gran amor por ellos derramado en la cruz. Como escribió Paul Tripp: «La crianza de los hijos consiste en que Dios use a los padres para llevar a sus hijos a ese lugar de desesperanza personal saludable y transformador. Este no es un proceso de condena, sino de rescate paciente y amoroso»[2]. Al enseñarles a nuestros hijos quién es Dios y lo que ha hecho, al enseñarles el camino de la justicia, les recordamos una y otra vez que no pueden ser justos por sí solos; necesitan un Salvador.

La instrucción en la Palabra de Dios

La Palabra de Dios es la fuente de nuestra instrucción. Así como es suficiente para la obra del Espíritu en nuestro corazón, es suficiente para enseñar a nuestros hijos. Queremos leérsela a nuestros hijos y enseñarles lo que dice. A medida que maduran, les enseñamos a leerla y estudiarla por sí mismos. Al mismo tiempo que mis hijos han ido creciendo, he disfrutado enseñándoles recursos para estudiar la Biblia por su cuenta. También les ayudamos a aprender la historia de la Biblia en su totalidad: la historia de la creación, la caída, la redención y la restauración. Les ayudamos a entender que Dios los creó a su imagen, cómo el pecado entró al mundo y lo que Dios hizo al mandar a su Hijo a morir por el pecado.

Muchas veces he usado esta gran historia para contestar las preguntas que mis hijos hacen acerca del sufrimiento, temas culturales y su propia lucha contra el pecado. Nuestros hijos también necesitan aprender que Dios es un Dios de gracia y que todo lo que Él hace es un acto de gracia. Necesitan aprender lo que es el pecado, y cómo arrepentirse y recibir el perdón. También les enseñamos sobre la oración y cómo contarle a Dios sus dolores, tristezas y temores. A medida que crecen y maduran, los niños necesitan desarrollar un punto de vista bíblico del mundo y saber cómo ver todas las cosas a través del lente de la Escritura. Además, necesitan aprender lo que la Biblia enseña respecto a la naturaleza de Dios, su carácter, sus nombres, sus obras y sus caminos. Cuando te detienes a considerar todo esto, ¡hay mucho que enseñarles!

Cuando me siento agobiada pensando todo lo que quiero que mis hijos entiendan acerca del Señor, recuerdo que mis enseñanzas se llevan a cabo a través del curso de su infancia y no de una sola vez. Además, recuerdo que el Señor usa a otras personas en la vida de mis hijos para enseñarles y reforzar las verdades que aprenden en casa: abuelos, pastores, maestros de Escuela Dominical, etc. Y como sucede en mi propia vida, mis hijos continuarán aprendiendo a crecer después que dejen el hogar. Para todos los creyentes, nuestra preparación espiritual continúa por toda la vida. Así que en vez de temer que no he hecho lo suficiente, hago lo mejor que puedo y le pido al Señor que me dé gracia y la use en la vida de mis hijos.

Nuestra enseñanza será tanto organizada como espontánea. A veces querremos hacer un mapa de lo que necesitan aprender, como un maestro prepara las lecciones para todo el año escolar. Podemos decidir enfocarnos en la encarnación durante el mes de diciembre y enseñarles a los niños por qué Jesús vino a la tierra como un bebé. En nuestra familia, a menudo usábamos un devocionario de Adviento y hacíamos adornos para cada día de la temporada. Otras veces les enseñábamos los atributos de Dios para que entendieran quién es Él. Uno de mis estudios favoritos con mis hijos fue cuando estudiamos los nombres de Dios. ¡No sabía que eran tantos!

Queremos tener un horario constante para enseñarles a los niños de la Palabra de Dios, pero también habrá momentos cuando solo aprovecharemos los momentos naturales de enseñanza. Cuando estamos en el parque y nuestro niño está fascinado con un animal o una planta, podemos hablar acerca de la maravilla de nuestro Dios creador. Cuando nuestro niño hace preguntas desde el asiento de atrás del automóvil mientras conducimos, podemos llevar la conversación a las verdades de Dios. No puedo contar el número de veces que uno de mis hijos ha preguntado: «¿Por qué Dios...?», mientras yo conducía por la carretera. Cuando vemos una película con nuestro adolescente, podemos usar los temas de la película para entablar una conversación respecto a las verdades bíblicas. Como lo dijo el poeta inglés John Milton: «El fin del aprendizaje es reparar las ruinas de nuestros primeros padres volviendo a conocer a Dios como es debido, y a partir de ese conocimiento amarle, imitarle, ser como Él»[3].

La instrucción donde están

Cuando mis hijos eran pequeños, querían ayudarme a preparar la cena. Yo cortaba los vegetales, ¡pero creo que ellos lo que querían en realidad era usar el cuchillo! Sin embargo, eran demasiado pequeños y no sabían usar un cuchillo, así que comenzamos aprendiendo a medir los ingredientes. Aprendieron a cocinar de acuerdo a su nivel y con el tiempo aumentaba lo que aprendían. Hoy en día, pueden cocinar ellos solos. Dios hace lo mismo con nosotros. A lo largo de los años en mi propia fe, Dios me ha enseñado cosas poco a poco, a medida que estaba lista para aprenderlas. ¡De seguro que me habría sentido abrumada si me hubiera mostrado mi pecado de una sola vez!

Así como Dios nos instruye donde estamos, nosotros también enseñamos e instruimos a nuestros hijos donde están. Les enseñamos de acuerdo a donde están en su desarrollo físico, social, emocional, educacional y espiritual. No podemos enseñar a un niño de dos años de la misma manera que lo haríamos con uno de doce. Es preciso enseñarles acerca de Dios de forma que satisfaga sus necesidades de desarrollo. Cuando son pequeños, es útil mantener la enseñanza breve y concisa. Podemos concentrarnos en el uso de actividades manuales, historias y música para la instrucción. A mis hijos les encantaba aprender versículos bíblicos a través de canciones. También disfrutaban hacer proyectos y actividades que les ayudaban a recordar algo que habían aprendido. Una vez hicimos espadas y escudos de cartón cuando hablamos de las enseñanzas de Pablo acerca de Efesios 6. Como te puedes imaginar, ¡fue un éxito con mis hijos! También ayuda usar objetos e ilustraciones con los que se puedan relacionar. Yo he usado a menudo ilustraciones directamente de los programas de televisión favoritos de los niños, o libros que han leído, y los comparo con las verdades espirituales.

A medida que crecen, ampliamos nuestra instrucción. Leemos pasajes más largos de las Escrituras en voz alta y hablamos sobre lo que leemos, ayudándoles a pensar en cómo la Biblia se entrelaza con su vida en la escuela y con sus amistades. Hablamos más acerca de la cultura a su alrededor y cómo el evangelio les habla en las circunstancias del momento. Hoy en día, mis hijos adolescentes tienen muchas preguntas sobre nuestro mundo y sobre cómo deben responder a lo que ven y oyen. Me encuentro enmarcando mis respuestas a través de la lente de la gran historia de la Biblia, recordándoles cómo deben ser las cosas, lo que sucedió para que estén como están, la única solución a nuestro problema y cómo un día Dios hará nuevas todas las cosas.

Sabemos que su aprendizaje cambiará a medida que crecen y maduran (esto lo veremos más adelante en otro capítulo). También cambiará a medida que maduren espiritualmente y hagan profesión de fe. Nuestra enseñanza es gradual y se desarrolla durante sus años de formación. Podemos empezar cantándoles versículos de la Biblia a nuestros pequeños y luego, en sus años preescolares, pasar a ayudarles a memorizar un versículo de la Biblia. Mientras maduran aprenderán pasajes más largos de la Escritura. Un año, nosotros memorizamos juntos varios capítulos de Santiago. Mis hijos parecieron dominarlo con facilidad; ¡yo no puedo decir lo mismo de mí! Cuando los niños son pequeños, nos concentramos en enseñarles cuánto los ama Dios. Podemos hablar acerca de amar y glorificar a Dios diciéndoles palabras bondadosas a otros, sirviendo a nuestros familiares y compartiendo con sus amigos. Al paso de su crecimiento, les enseñamos el camino de sabiduría en los

Proverbios, y cómo Jesús es la sabiduría encarnada. Hablamos de cómo los Evangelios le dan forma a nuestras acciones hacia los demás. Del mismo modo que nuestro Padre nos enseña cada vez más según maduramos en la fe, nosotros desarrollamos nuestra enseñanza con el correr de los años en nuestros hijos.

Cuando enseñamos a nuestros hijos, no esperamos que dominen lo que les hemos enseñado la primera vez y sabemos que necesitarán repetir las lecciones. También sabemos que nuestros hijos no aprenderán todo lo que necesitan mientras están debajo de nuestro techo. ¡Considera todas las lecciones que Dios te enseñó después de adulto! Hay muchas cosas que Dios continuará enseñándoles a nuestros hijos a través de la vida. Queremos ayudarlos a fundir una base que los lleve hacia la adultez, verdades bíblicas en las que podrán descansar o a las que tendrán que aferrarse, sin importar las circunstancias en las que se encuentren en su viaje de fe.

Puede ser sobrecogedor pensar en todas las verdades que queremos enseñarles a nuestros hijos acerca de Dios. Debemos recordar que toda nuestra enseñanza depende del Espíritu y su obra en nosotros y en nuestros hijos. Así que les enseñamos mientras estamos de rodillas en oración. Le pedimos al Señor que haga crecer las semillas que plantamos en ellos, a fin de que produzcan una cosecha rica en la vida de nuestros hijos. Debemos descansar en la gracia de Dios, la misma gracia a la que guiamos a nuestros hijos.

Preguntas para discusión

1. ¿Qué te ha enseñado el Padre hasta ahora en tu viaje?

2. ¿Cómo has visto su gracia hacia ti en esa instrucción?

3. ¿Por qué es importante que nuestra enseñanza e instrucción se dirijan al corazón de nuestros hijos?

4. Lee Marcos 4. ¿Cómo les enseñó Jesús a sus discípulos? ¿Qué te demuestra esto acerca de tu forma de enseñarles a tus hijos quién es Dios y qué ha hecho por ellos?

5. Nuestro Padre es bondadoso en la forma en que nos encuentra donde estamos y nos instruye de acuerdo a lo que estamos listos para hacer. ¿De qué manera puedes transmitirles esta imagen a tus hijos?

6. ¿Qué papel debe representar la Palabra de Dios en nuestra enseñanza? ¿Cómo puedes usar la Biblia de manera práctica en tu instrucción?

7. ¿Cómo puedes representar a Dios hoy en la forma en que educas a tus hijos en la justicia?

La oración de un padre

Padre en los cielos, cuando miro atrás, a donde estaba antes y donde estoy ahora, me maravillo al ver tu amor y gracia para conmigo. Gracias por tu Espíritu que nunca cesa su obra dentro de mí. Ayúdame al procurar guiar a mis hijos hacia ti, y a lo que has hecho por ellos en Cristo. Ayúdame a ser ejemplo en todo lo que les enseño. Te pido que tu Espíritu les dé un nuevo corazón para que te conozcan. Te pido que los cambies y los transformes para llegar a ser como tú.

En el nombre de Jesús, amén.

6

DIOS NOS DISCIPLINA

¿Alguna vez has tenido esta experiencia? Necesitas algunas cosas del supermercado para preparar la cena, así que tomas a los niños y sales para la tienda. Solo quieres entrar y salir corriendo. Sin desvíos. Sin paradas especiales. Solo comprar las pocas cosas que necesitas y volver a casa. Nada difícil, ¿verdad?

Excepto que es la hora del día en la que todos los niños parecen perder el autocontrol, y tus hijos no son una excepción. Las quejas comienzan desde el momento en que entras a la tienda. Se pelean por quién se sienta en el carrito y quién camina. Resuelves el problema y te diriges a la carnicería, cuando uno de ellos te recuerda que *siempre* paras en la dulcería primero para recoger la galletica gratis. Desvío n.º 1. Vas tan rápido como puedes, tomas tu medio kilo de carne molida y corres hacia el pasillo de las pastas. Allí, frente a los espaguetis y los *fettuccine*, una niña insiste en que tiene que ir al baño... ¡ahora mismo! Desvío n.º 2. Por fin llegas a la sección de los productos lácteos para comprar *mozzarella* cuando estalla otra pelea, y mientras te ocupas de esto, uno de los niños se suelta de tu mano y corre hacia la sección de los helados. Porque, ya sabes... Desvío n.º 3.

Te pones en la cola para pagar y uno de los niños te pide algo de los caramelos colocados de manera conveniente a la altura de sus ojos. Le recuerdas que es casi la hora de la cena y que se acaba de comer una galleta. Se tira al suelo y empieza a llorar. La gente te mira con lo que percibes como miradas de juicio. Puedes imaginarte lo que están pensando. Tu cara empieza a enrojecer. Solo querías algunas cosas para preparar la cena, y en su lugar tienes una combinación de la Segunda Guerra Mundial y un circo de tres pistas. ¿Cómo controlas las masas? ¿Cómo salen todos enteros de la tienda? ¿Y cómo reaccionas ante el caos?

Como escribí al principio de este libro, todos tenemos preguntas sobre la crianza de los hijos, concretamente sobre cómo hacerlo. La mayoría de mis preguntas giran en torno a la disciplina. Desde el momento en que mi bebé que gateaba empezó a explorar y a meterse donde no debía, quise saber cuál era la mejor forma de disciplinarlo. Esas preguntas no han cesado desde que entramos en los años de la adolescencia. De alguna manera, parece que la disciplina se ha vuelto más difícil y complicada. Cuando mi esposo y yo nos reunimos con los padres de otros adolescentes, todos volvemos la vista atrás, a los días cuando solo podíamos tomar al niño y separarlo de lo que no queríamos que tocara, o podíamos quitarles el juguete a dos hermanos que se peleaban por él. Hoy en día, los problemas a los que se enfrentan los adolescentes tienen grandes consecuencias; sus pecados tienen un mayor costo para ellos mismos y para los demás, lo que hace que las cuestiones de disciplina adquieran una considerable importancia.

Si bien puede ser fácil idealizar o minimizar las luchas del pasado, recuerdo bien la multitud de preguntas que me daban vueltas en la cabeza cuando mis hijos eran más pequeños. Preguntas como: ¿Cuál es la forma adecuada de disciplina? ¿Cómo sé cuándo, qué o cómo se debe disciplinar en una situación? ¿Cómo evito que mi hijo tenga una rabieta en la caja del supermercado? ¿Cómo consigo que mi hijo duerma la siesta? ¿Cómo lidio con sus impertinencias? Y así una y otra vez.

Si alguna vez expresaba esas preguntas a alguien cercano, siempre había una opinión preparada esperando. ¡Y escuché muchas! Es increíble la cantidad de voces diferentes que quieren hablar sobre el tema de la disciplina. Aunque aprendí algunas cosas de quienes habían recorrido el camino de la crianza de los hijos antes que yo, creo que la mejor sabiduría sobre esto proviene de nuestro Padre mismo.

A medida que mis hijos pasaban de la infancia a la edad escolar, pensaba cada vez más en cómo Dios me ha educado y me sigue educando. Cada vez que me frustro con el corazón rebelde de un hijo, el Espíritu me trae a la memoria con gentileza mi propio corazón rebelde. Recuerdo mi propia niñez, mi propio pecado y cómo el Señor ha obrado en mi vida. Pensar en la disciplina del Señor en mi vida me ayuda a preparar mi propio modo de lidiar con la disciplina de mis hijos.

Este capítulo trata sobre la disciplina, pero no tanto sobre cómo aplicarla. Más bien, vamos a ver la disciplina de nuestro Padre hacia nosotros y lo que aprendemos de ella, a fin de que pueda moldear nuestra propia disciplina y cómo representamos al Padre ante nuestros hijos.

La disciplina de nuestro Padre

La carta a los Hebreos se les escribió a los cristianos judíos de la dispersión, que se enfrentaban a la persecución por su fe. Algunos habían perdido sus empleos; otros su estatus en la comunidad. Los echaron de la sinagoga, su lugar de pertenencia y comunidad. Estos creyentes libraban una batalla. A algunos los tentaron a dejar de congregarse. Tenían miedo y estaban llenos de dudas. El autor les escribió una carta a esos creyentes (más como una serie de sermones) exhortándoles en la fe con la verdad de que Jesús es mayor que todo, incluso Moisés, los ángeles y los sacrificios del templo.

Después del famoso capítulo del «Salón de la Fama», donde se enumeran los santos de la antigüedad, se encuentra el capítulo 12. Aquí el autor comienza exhortando a sus lectores a poner los ojos en Jesús, que padeció y murió por ellos, pues Él es el autor y consumador de la fe (v. 2). El escritor de Hebreos señala que no han soportado el sufrimiento en la medida en que lo hizo su Salvador. Les anima a no rendirse y a perseverar. A continuación cita el libro de los Proverbios para explicar el sufrimiento que experimentan los cristianos.

> Y ya han olvidado por completo las palabras de aliento que como a hijos se les dirigen: «Hijo mío, no tomes a la ligera la disciplina del Señor ni te desanimes cuando te reprenda, porque el Señor disciplina a los que ama y azota a todo el que recibe como hijo». Lo que soportan es para su disciplina, pues Dios los está tratando como a hijos. Porque, ¿qué hijo hay a quien el padre no disciplina? Si a ustedes se les deja sin la disciplina que todos reciben, entonces son bastardos y no hijos legítimos. Después de todo, nuestros padres humanos nos disciplinaban y los

> respetábamos. ¿No hemos de someternos, con mayor razón, al Padre de los espíritus y viviremos? En efecto, nuestros padres nos disciplinaban por un breve tiempo, como mejor les parecía; pero Dios lo hace para nuestro bien, a fin de que participemos de su santidad. Ciertamente, ninguna disciplina, en el momento de recibirla, parece agradable, sino más bien dolorosa; sin embargo, después produce una cosecha de justicia y paz para quienes han sido entrenados por ella. (Hebreos 12:5-11, NVI®)

Este pasaje es poderoso, y nos muestra cómo Dios trata con nosotros como Padre y, en específico, cómo nos disciplina. Vayamos más profundo.

La disciplina versus el castigo

La palabra «disciplina» que se usa en Hebreos 12 es *paideia*. Significa «la crianza de un niño, instrucción, disciplina»[1]. Se usa para referirse a la enseñanza y la instrucción, y para el castigo y la corrección por no hacer lo debido. La misma palabra la encontramos en 2 Timoteo 3:16-17, donde Pablo describe la Palabra de Dios como el instrumento de nuestra disciplina: «Toda Escritura es inspirada por Dios y útil para enseñar, para reprender, para corregir, para instruir en justicia, a fin de que el hombre de Dios sea perfecto, equipado para toda buena obra». Nuestro Padre usa la disciplina para instruirnos en el camino

Todo castigo o corrección de nuestro Padre tiene por objeto nuestra instrucción en la justicia.

de la justicia, para hacernos santos. A veces tiene naturaleza de instrucción; otras de corrección. En el contexto de este pasaje de Hebreos 12, Dios usó el sufrimiento de estos creyentes para su instrucción; lo usó como disciplina.

La disciplina no es lo mismo que el castigo. ¿Has experimentado alguna vez alguna dificultad o sufrimiento en tu vida y has pensado: *Dios está enojado conmigo, por eso sucedió. No oré lo suficiente. No creí lo suficiente. No confié lo suficiente*? Yo he tenido pensamientos así, como si Dios exigiera castigo por mi ofensa. Sin embargo, este pasaje enseña que aunque Dios sí nos disciplina, no nos castiga. Jesús llevó nuestro castigo en la cruz cuando Dios derramó su ira sobre Él (Isaías 53:5). Dios ya no está enojado con nosotros. Todo castigo o corrección de nuestro Padre tiene por objeto nuestra instrucción en la justicia. Por lo tanto, no nos cansemos. Tomémoslo en serio y crezcamos en el sufrimiento. Como escribió Nancy Guthrie: «Nuestro sufrimiento no es un castigo enviado por Dios, pero cuando confiamos en Dios en medio del sufrimiento, Él lo usa como el instrumento de nuestra disciplina [...]. Si cedemos a las quejas y las protestas por las pruebas y dificultades en nuestra vida, nos perderemos lo que podemos aprender de ellas»[2].

La instrucción como a hijos

Este pasaje también nos señala nuestra condición de hijos. Dios nos disciplina porque somos sus hijos. Y lo hace por amor. Él desea que seamos como su Hijo Jesús y hará lo que sea necesario para desarrollar en nosotros su carácter. Como dijera Charles Spurgeon:

> Cuando Él aflige a su hijo, el castigo se aplica en amor, sus golpes, todos, son dados por una mano de amor [...]. Dios no aflige a propósito, ni nos hace sufrir por capricho, sino por amor y afecto, pues percibe que si nos deja sin corrección, nosotros nos causaremos mil veces más sufrimiento que sus leves regaños, y los golpes suaves de su mano[3].

La disciplina es inherente a nuestro deber de padres. Al igual que nuestro padre terrenal, nuestro Padre celestial nos disciplina para enseñarnos. Si no lo hiciera, esto demostraría que no somos sus hijos. Es posible que en este pasaje el autor se refiera a la tradición romana de mantener financieramente a los hijos ilegítimos de los nobles romanos, pero dejarlos sin disciplina, mientras que a los hijos legítimos los instruían y preparaban para heredar las riquezas del padre[4]. Cuando nuestro Padre nos disciplina, demuestra que le pertenecemos; es prueba de nuestra condición de hijos.

La disciplina perfecta

Como señala el escritor de Hebreos 12, todos hemos experimentado la disciplina de nuestros padres terrenales. Es muy posible que a veces pensemos que su disciplina era excesiva e injusta. Al madurar y llegar a la edad adulta, puede que hayamos mirado hacia atrás y nos hayamos dado cuenta de que, después de todo, la disciplina era necesaria. Para quienes sufrieron abuso a manos de sus padres terrenales, ese pasaje nos recuerda que tenemos un Padre perfecto en el cielo y que su disciplina siempre es justa y buena. El autor de Hebreos usa un argumento de menor (padres terrenales) a mayor (nuestro Padre celestial). Nuestros padres terrenales nos disciplinaron según les parecía adecuado en el momento. Hicieron lo mejor posible en su humanidad caída para instruirnos. Sin embargo, nuestro Padre celestial es perfecto y solo hace lo justo. Su disciplina *siempre* es necesaria, oportuna y para nuestro bien supremo.

La disciplina que trae justicia

La disciplina de nuestro Padre tiene un objetivo eterno. Su propósito no solo es hacer que nos conformemos a las reglas externas; es cambiarnos y transformarnos de dentro hacia afuera. La disciplina de nuestro Padre nos hace más como Cristo, «para que participemos de su santidad» (Hebreos 12:10). Como escribió Santiago: «Tened por sumo gozo, hermanos míos, el que os halléis en diversas pruebas, sabiendo que la prueba de vuestra fe produce paciencia, y que la paciencia tenga su perfecto resultado, para que seáis perfectos y completos, sin que os falte nada» (Santiago 1:2-4). Los desafíos, las pruebas y los sufrimientos de esta vida le dan forma a nuestro corazón y a nuestra mente para conformarnos a Cristo. Por eso Santiago nos dice que lo tengamos «por sumo gozo», pues sabemos que el sufrimiento solo es temporal. Lo que perdura es nuestra plenitud, nuestra santidad. Cuando lleguemos a la gloria, nos despojarán de una vez por todas de cada uno de nuestros pecados y seremos perfectos ante nuestro Padre en el cielo.

Todo por nuestro bien

Muchos creyentes se aferran a Romanos 8:28 durante los tiempos de prueba y tribulaciones: «Y sabemos que para los que aman a Dios, todas las cosas cooperan para bien, esto es, para los que son llamados conforme a su propósito». Es un pasaje que nos recuerda que Dios puede convertir cualquier dolor y tristeza en nuestro bien supremo. Entonces, ¿cuál es ese bien supremo? El siguiente versículo nos lo dice: «Porque a los que de antemano conoció, también los predestinó a ser hechos conforme a la imagen de su Hijo, para que Él sea el primogénito entre muchos hermanos» (v. 29). Nuestro Padre usa todas las circunstancias de nuestra vida para conformarnos a la imagen de su Hijo.

Es importante que comprendamos en qué consiste el sufrimiento que experimentamos[5]. En parte, ciertos sufrimientos solo vienen debido a que vivimos en un mundo caído. Este mundo no es como debe ser. Cuando nuestros primeros padres pecaron, trajeron la muerte y la decadencia a todas las cosas. Por eso nos enfermamos. Por eso las tormentas, los fuegos y otros desastres naturales causan caos en el mundo. En segundo lugar, también experimentamos el sufrimiento como resultado o consecuencia natural de nuestras decisiones pecaminosas o del pecado de otros. «De sus propias iniquidades será presa el impío, y en los lazos de su pecado quedará atrapado» (Proverbios 5:22). «El que siembra iniquidad segará vanidad, y la vara de su furor perecerá» (Proverbios 22:8). Dios nos permite sufrir los resultados naturales de nuestro pecado.

A veces experimentamos las consecuencias del pecado de otra persona, como cuando un cónyuge juega los ahorros de una familia o cuando una persona se pasa un semáforo con luz roja y destroza nuestro auto. Y una tercera forma de sufrimiento viene de Satanás mismo. Esta fue la experiencia de Job. Satanás le pidió a Dios causarle sufrimiento a Job, pues quería que Job reaccionara maldiciendo a Dios (lee Job 2). Dios no es la causa de nuestro pecado ni del de nadie, pero utiliza todas estas formas de sufrimiento para instruirnos en justicia. Así como un cirujano usa un bisturí, Dios usa el sufrimiento con precisión y cuidado para lograr nuestro bien: hacernos santos.

La imagen de Dios en nuestra disciplina

Este capítulo está muy relacionado al anterior. Puedes considerarlo como la segunda parte de la discusión acerca de la instrucción de nuestros hijos. Mientras que el capítulo anterior se enfocó en enseñar e instruir a los niños acerca de quién es Dios, este capítulo se enfoca en instruir a los niños cuando pecan. Los principios que vimos antes continúan con este. Por ejemplo, cuando consideramos los métodos de enseñanza e instrucción a través de la disciplina, también debemos considerar dónde nuestros hijos están en su desarrollo. No podemos disciplinar a un niño de dos años de la misma manera que disciplinamos a uno de doce. Tampoco podemos tener la misma expectativa de un preescolar que de un preuniversitario. Cuanto más pequeño es un niño, más podemos esperar tener que enseñar y volver a enseñar, mientras recordamos con qué frecuencia el Señor nos enseña las mismas lecciones una y otra vez. Además, la importancia de la Palabra de Dios no solo sirve para enseñarles a nuestros hijos acerca de Dios, sino para su corrección. Porque como veremos pronto, las verdades del evangelio son necesarias en la disciplina.

Al considerar las formas en que nuestro Padre nos instruye mediante la disciplina, hay maneras en las que la instrucción de nuestros hijos diferirá del nuestro. Repito, nosotros no somos el Espíritu Santo. Nuestra tarea no es transformar a nuestros hijos a la imagen de Cristo. En cambio, *sí* lo es señalarles su necesidad de un Salvador. Debemos mostrarles el camino de la vida. Cuando se desvían del camino angosto, debemos guiarlos de nuevo a él. Esto no solo sucede durante los momentos de lectura bíblica y adoración familiar, sino cuando los disciplinamos o los corregimos por errar.

La intención de este capítulo no es discutir las formas particulares de disciplina que usamos; ya hay suficientes libros que hablan de esto. Más bien quiero enfocarme en lo que aprendemos de la disciplina de nuestro Padre y cómo le da forma a la disciplina de nuestros hijos. También, les mostramos a los hijos quién es Dios a través de nuestra disciplina.

La necesidad de disciplina

¿Has conocido alguna vez a un niño indisciplinado? Quizá estuvieras en una reunión con otros padres y sus hijos, y uno de ellos parecía hacer lo que se le antojaba sin que los padres intervinieran. Nunca le dijeron que no hiciera algo que parecía que no era seguro. Nunca lo regañaron cuando era rudo con los otros niños. Era obvio que gobernaba a toda la familia en vez de que los padres fueran las figuras de autoridad. Le faltaba instrucción.

Este pasaje de Hebreos 12 deja claro que a los niños se les debe disciplinar. El autor cita Proverbios 3, donde Salomón exhorta a su hijo a confiar en el Señor de todo corazón, a temer al Señor y a honrarle. Él quiere que su hijo sepa que la disciplina de Dios es buena y a no aborrecerla. En otros versículos de Proverbios leemos: «Morirá por falta de instrucción, y por su mucha necedad perecerá» (Proverbios 5:23); y «Corrige a tu hijo mientras hay esperanza, pero no desee tu alma causarle la muerte» (Proverbios 19:18). Bajo la ley judía, a un hijo rebelde (uno que tenía suficiente edad para responder por sus pecados) se le podía llevar a la muerte por su desobediencia (lee Deuteronomio 21:18-21). Este pasaje exhorta a los padres a disciplinar e instruir a sus hijos para evitarles las mortales consecuencias de su pecado.

Aunque nuestros hijos no están bajo la Ley Mosaica como los lectores originales de Proverbios, sabemos que un niño indisciplinado seguirá un camino destructivo. También sabemos que los padres tienen la responsabilidad de enseñar e instruir a sus hijos, a fin de que se mantengan en el camino de la vida. El autor de Proverbios le enseña a su hijo el camino de la sabiduría y lo contrasta con el camino de la necedad (lee Proverbios 4 y siguientes). En definitiva, la sabiduría es una persona, Jesucristo. Como padres, aprovechamos cada oportunidad para enseñarles a nuestros hijos su necesidad de un Salvador, incluso cuando los corregimos por pecar. Como lo implica el pasaje de Hebreos 12, la disciplina es algo que hace un padre amoroso. Si no disciplinamos a nuestros hijos, no los amamos.

Nuestros hijos son pecadores; así nacieron. Como escribiera el salmista: «He aquí, yo nací en iniquidad, y en pecado me concibió mi madre» (Salmo 51:5). Debido a que nuestros hijos son pecadores, *pecarán*. Esto no nos debería sorprendernos. No deberíamos impresionarnos si nuestros hijos o hijas empujan a otros niños para agarrar un juguete. No debe tomarnos desprevenidos cuando nuestra hija miente para evitarse problemas. No debemos ser ciegos ante las tentaciones que nuestros hijos enfrentan y a las que ceden. Debido a que son pecadores, necesitan la instrucción. Necesitan saber lo bueno y lo malo. Necesitan saber que hay consecuencias por hacer lo malo, y necesitan que nosotros les digamos esas consecuencias. Necesitan que se les corrijan y se les muestre el camino de sabiduría, el camino que lleva a Cristo. Necesitan conocer la gracia de Dios por ellos a través del sacrificio de Cristo por el pecado en la cruz. Necesitan disciplina.

El propósito de la disciplina

En la disciplina de nuestro Padre vemos que el propósito de su disciplina no es punitivo; más bien, es para instruir en justicia. El enfoque de nuestra disciplina de instrucción también; sin embargo, no podemos cambiar ni controlar a nuestros hijos, solo puede hacerlo el Espíritu Santo. Nuestra tarea es ayudarlos a que aprendan de lo que hicieron mal, y a que vean su pecado y su necesidad de un Salvador. Queremos que se arrepientan de su pecado y busquen el perdón de Dios. Queremos ayudarlos a que aprendan a aplicar el evangelio a su pecado, a reconocer que no se pueden salvar a sí mismos, y que necesitan la gracia de Dios derramada sobre ellos en Cristo.

Esto significa que nuestra disciplina no se trata de nosotros ni de expresar nuestro enojo. No tiene que ver con desquitarnos con nuestros hijos. El propósito de la disciplina no es satisfacer nuestras propias emociones. Tampoco es una ocasión para denigrar ni reaccionar con sarcasmo. La disciplina no consiste en levantar los brazos y preguntar con rabia: «¿Qué te pasa?». La disciplina no es abusiva. Más bien, nuestra disciplina tiene que ver con la instrucción y la corrección. Es mostrarles lo que hicieron mal, por qué está mal y ayudarles a que aprendan a arrepentirse. Es enseñarles cómo actuar la próxima vez. Es proporcionarles consecuencias que les ayuden en el aprendizaje.

A veces, como hace el Padre con nosotros, dejamos que las consecuencias naturales les enseñen a nuestros hijos. Cuando el mayor de mis hijos estaba en el jardín de infantes, asistía a una escuela que tenía una regla de que si un niño olvidaba su almuerzo, sus padres no podían traérselo. La escuela le proporcionaba un sándwich básico para almorzar. Querían que los niños aprendieran a responsabilizarse de sí mismos y no dependieran de sus padres para protegerse de las consecuencias de sus actos. De manera similar, cuando permitimos que nuestros hijos experimenten las consecuencias de sus decisiones, no llamando al maestro para que intervenga cuando nuestro hijo no recibe una A porque decidió no estudiar para el examen, tienen la oportunidad de aprender. Entonces, podemos procesar con ellos la consecuencia natural: por qué sucedió, qué pueden aprender, cómo podrían manejar la situación la próxima vez.

Otras veces utilizaremos diferentes medios para educar a nuestros hijos. A veces puede ser decirle no a algo que sabemos que no es bueno para nuestro hijo. ¿Cuántas veces le decimos no a un dulce de más? Lo hacemos porque sabemos los efectos dañinos del azúcar para sus dientes. Hay ocasiones cuando necesitamos decir no a cosas dañinas y eso es un acto de amor. La disciplina también puede ser una conversación donde nos sentamos con nuestros hijos y los corregimos por hacer algo malo, y hablamos de por qué es un comportamiento pecaminoso y lo que esperamos que hagan la próxima vez. Incluso podemos ayudarles a practicar lo que deben hacer o decir, algo así como un juego de rol. A menudo, cuando mis hijos eran pequeños, les hacía practicar en alta voz a responderse el uno al otro en medio de un conflicto.

A veces la disciplina es darle continuidad a una consecuencia establecida con anterioridad por quebrantar una regla. En nuestra casa tenemos reglas específicas acerca del uso de la tecnología, y hace poco quité privilegios del teléfono celular para ser coherente con las reglas y las consecuencias. Otras veces, la disciplina es establecer una consecuencia que les haga sentir incómodos por un corto tiempo esperando que les enseñe una lección duradera. Incluso hay momentos en que la disciplina puede resultar divertida. Recuerdo una ocasión, cuando mis hijos eran más pequeños, y se pasaron todo el día peleándose. Tomé una de las camisetas de mi esposo y se la puse por encima a los dos. Luego les entregué un cesto de la ropa sucia y les dije que sacaran la ropa de la secadora y la separaran en montones. Se rieron muchísimo todo el rato. Entonces, les expliqué la importancia de estar unidos como hermanos. Cualquiera que sea la disciplina, su finalidad es la formación.

Como alguien que enseñaba habilidades de la crianza, a menudo escuché esta queja de padres que intentaban aplicar un tipo concreto de medida disciplinaria: «No dio resultado». Esperaban que la disciplina aprendida «resultara». Y por «resultar» querían decir que la disciplina de alguna manera hiciera que su hijo dejara de comportarse mal. Querían que el comportamiento desapareciera. Sin embargo, la Biblia es clara cuando dice que hemos caído en pecado. Nuestros hijos han caído en pecado, y continuarán pecando y necesitando corrección e instrucción. Martín Lutero escribió en sus noventa y cinco tesis que la vida del cristiano es una vida de arrepentimiento[6]. Nuestra disciplina no hará que nuestros hijos dejen de pecar; más bien sirve para ayudarlos a ver su pecado, aprender a arrepentirse y buscar el perdón por medio de Cristo.

El enfoque de la disciplina

El enfoque de nuestra disciplina está el corazón. Si bien podemos educar a nuestros hijos para la conformidad externa, y pueden parecerles de buen comportamiento a las personas que los rodean, si su corazón es rebelde, esa instrucción no durará. No causará impacto a su condición espiritual. Nuestros hijos son descendientes espirituales de Adán y Eva; nacen con un corazón que de manera natural quiere salirse con la suya. Quieren gobernar sus propias vidas. No quieren que mamá o papá les digan qué hacer, a dónde ir, qué comer, cuándo dormir. Quieren ser reyes y reinas de sus propios reinos. Paul Tripp explica esta manera de pensar inherentemente engañosa: «Cada niño tiende a pensar que lo que le digan que tienen que hacer es algo negativo. Cada niño quiere escribir sus propias reglas morales y seguir su propio plan de vida. La ilusión del derecho a autogobernarse es uno de los tristes resultados del pecado en los corazones de todos nuestros hijos»[7]. Sin embargo, entendemos este deseo de autogobierno, ¿verdad? Porque nacimos en la misma condición de pecado que nuestros hijos. Sabemos la dirección de sus corazones, pues los nuestros tienen la misma inclinación, hasta que la gracia de Dios se apoderó de nuestros corazones y nos hizo nuevas criaturas.

Por eso nuestra tarea como padres que reflejen la imagen de Dios es tan importante. Dios nos dio la autoridad sobre nuestros hijos para enseñarles y guiarles a la autoridad suprema: Dios mismo. Esto significa que dirigimos nuestra disciplina al corazón rebelde de nuestros hijos, que por naturaleza desean ir por su propio camino. Cuando disciplinamos, no solo les señalamos su desobediencia, les revelamos la fuente. Entonces, podemos enseñarles que necesitan a uno fuera de sí mismos que los rescate. Necesitan el rescate de Jesús y su gracia salvadora. Sí, establecemos consecuencias por las acciones pecaminosas, pero al hacerlo les recordamos el evangelio una y otra vez.

También les enseñamos a nuestros hijos cómo el evangelio impactó y cambió nuestro propio corazón. Tenemos que dejar claro que nosotros también somos pecadores y que necesitamos la gracia salvadora de Jesús. Una manera de hacerlo es con nuestro propio pecado. Cuando pecamos contra nuestros hijos, tenemos una oportunidad de servirles de ejemplo para el arrepentimiento. Con mis propios hijos, sé que es algo muy elocuente cuando mi esposo y yo estamos dispuestos a pedir perdón por nuestras acciones.

Además, tenemos la oportunidad de guiar a nuestros hijos al corazón del Padre de la misma forma en que nosotros respondemos a su pecado: no con enojo, sino con comprensión compasiva, pues nosotros también somos propensos a pecar; no por miedo a lo que otros piensen de nosotros, sino por amor al corazón de nuestros hijos; no con el deseo de controlar, sino con la confianza en Aquel que da vida a los corazones muertos. Porque a medida que respondamos a nuestros hijos con la abundante gracia que hemos recibido, ellos lo verán a Él a través de nosotros.

La disciplina que parece mejor

Como padres, queremos hacerlo todo bien. Por eso hacemos todas las preguntas necesarias. Queremos criar a nuestros hijos bien y de forma que glorifique a Dios. No queremos fracasar. Sobre todo, queremos que nuestros hijos vengan a Jesucristo con la fe que los salvará. Hebreos 12:10 nos recuerda suavemente que nuestra paternidad está limitada por nuestra humanidad: «Ellos nos disciplinaban por pocos días como les parecía». Al criar a nuestros hijos *cometeremos* errores. Solo podemos hacer lo mejor posible y lo mejor de nosotros nunca será perfecto. Por eso debemos recordar que Dios será el Padre perfecto de nuestros hijos.

Él será todo lo que nosotros no podemos ser. Él tomará nuestros tropiezos y nuestros esfuerzos imperfectos, y los usará en su obra continua en el corazón de nuestros hijos. Dios solo nos llama a enseñar e instruir a nuestros hijos; la obra del corazón la hace Él. Confiemos y descansemos en su gracia para utilizar nuestros mejores esfuerzos para hacer lo mejor para nuestros hijos.

Preguntas para discusión

1. ¿Qué es la disciplina? ¿Cómo la defines tú? ¿Cómo la define la Biblia?

2. ¿Cómo has visto a tu Padre celestial disciplinarte a ti? ¿Qué has aprendido de esa disciplina? ¿Tienes que repetir alguna lección? ¿Cómo tu entendimiento de la disciplina de Dios le da forma a tu manera de responder al pecado en tus hijos?

3. ¿Alguna vez dudas a la hora de corregir a tus hijos? ¿A qué crees que se debe? ¿Por qué nos enseña la Biblia que la disciplina es amorosa y necesaria?

4. Lee cómo respondió Jesús al pecado de Pedro en Juan 21:15-19 después que este negara conocerle. ¿De qué manera describirías este tipo de instrucción?

5. ¿Cómo influye en lo que esperas de tus hijos el hecho de comprender tu naturaleza pecaminosa y la de tus hijos? ¿Qué hay de tus respuestas a su pecado?

6. Cuando corriges a tus hijos, ¿hablan del evangelio? Sí o no, ¿por qué? ¿Qué papel debe desempeñar en tu disciplina?

7. ¿Cómo puedes reflejar a Dios al disciplinar a tus hijos hoy?

La oración de un padre

Padre celestial, ¡tú eres un Padre tan bueno! Gracias por tu manera de enseñarme. Eres amoroso y bondadoso. Me proteges del mal y me guías de vuelta cuando me he alejado de ti. Cuando traes dificultades o sufrimiento a mi vida, sirve para transformarme a imagen de Cristo. Ayúdame a ver el importante papel que desempeña la disciplina en mi vida y en la vida de mis hijos. Ayúdame a reflejar tu imagen cuando respondo a sus pecados. Concédeme sabiduría para proporcionarles la corrección, instrucción y disciplina que necesitan, orientando sus corazones hacia ti y hacia tu amor por ellos en Cristo.

En el nombre de Jesús, amén.

7

DIOS NOS DA LO QUE NECESITAMOS

«¿Por favor? Todos los demás tienen uno. Literalmente. Todo el mundo. ¿Por qué no puedes decir que sí?».

Este era mi refrán más frecuente durante mi adolescencia. Quería lo que tenían los demás. Quería ir a donde iban los demás. Quería ver y escuchar lo que veían y escuchaban todos los demás. La gran mayoría de las veces mis padres se negaban a mis continuos ruegos. En ese entonces, creía que eran injustos, fuera de onda, hasta crueles. Con el tiempo, maduré y me di cuenta de que al decir que no me protegían de mí misma.

En mi casa, las peticiones que recibo no están relacionadas con artículos a comprar, aunque sucede en ocasiones. Sobre todo, las peticiones tienen que ver con el tiempo que les permito a mis hijos en los videojuegos, la computadora o el teléfono. Eso se debe a que todos los demás parecen jugar más que ellos o se les permite jugar ciertos juegos que yo no les permito jugar a los míos.

Comprendo este deseo de tener lo que otros tienen, pues mi propio corazón tiene los mismos anhelos. Todos somos propensos a comparar. Miramos a otros a nuestro alrededor y comparamos nuestras vidas y circunstancias a las suyas. Es inevitable que nuestra vida parezca insignificante en comparación. Alguien siempre tiene algo mejor: una casa más grande, un cónyuge más atento, niños que se portan mejor, vacaciones más frecuentes. Alguien siempre parece tener todas las cosas en su lugar. No parecen tener los mismos problemas o dificultades. Viven como quisiéramos vivir nosotros. Y como una niña que recibe dos dulces en comparación con su amiga que recibe tres, pensamos en nuestro corazón: ¡No es justo! Y nos preguntamos por qué Dios no ha provisto para nosotros de la misma manera que lo ha hecho para otra persona.

En este capítulo, veremos cómo nuestro Padre celestial suple nuestras necesidades, no necesariamente nuestros deseos. Veremos cómo Él es nuestro proveedor perfecto, que nos da lo que más necesitamos: Él mismo. Al considerar cómo nuestro Padre suple nuestras necesidades, esto nos ayudará como padres a tomar decisiones acerca de cómo suplir las de nuestros propios hijos.

Jehová-jireh, nuestro proveedor

Cuando era adolescente, fui líder asistente de las reuniones semanales de nuestro grupo de jóvenes. Me gustaba escoger las canciones que cantaríamos todos los viernes en la noche. Una que cantábamos a menudo se llamaba «Jehová-jireh»[1].

La letra que decía que la gracia de Dios es suficiente para mí, y que Dios provee todo lo que necesito, me hablaba durante un tiempo cuando mi familia sufría problemas financieros. A menudo tenía hambre y me preocupaba por tener lo básico en la vida. Miraba hacia un futuro incierto y me preguntaba si habría lo suficiente. Durante esos años aprendí a clamar a Dios, cuyo nombre Jehová-Jireh significa «el Señor proveerá». Este nombre viene de la historia de Abraham e Isaac en Génesis 22. Dios le dijo a Abraham que llevara a su hijo, el que amaba, al monte Moriah para ofrecerlo en sacrificio. En este mismo monte se levantaría más tarde el templo, el lugar donde Dios moraría con su pueblo. Mientras Abraham e Isaac subían por la ladera, Isaac preguntó a su padre dónde estaba el animal que iban a sacrificar. Abraham le dijo que el Señor proveería el sacrificio (v. 8). Cada vez que leo esta historia, me pregunto qué pasaba por la mente de Abraham mientras subía penosamente ese monte, sabiendo que tenía que sacrificar al hijo que Sara y él habían anhelado tanto, el hijo que Dios les dio cuando ya no estaban en edad de procrear, el hijo de la promesa. Con cada paso que daban, ¿se aferró Abraham al pacto de que sería padre de muchas naciones? ¿Puso su esperanza en que de alguna forma Dios proveería otra opción? Hebreos 11 nos dice que Abraham llevó a Isaac al monte por fe, pues «él consideró que Dios era poderoso para levantar aun de entre los muertos, de donde también, en sentido figurado, lo volvió a recibir» (v. 19).

Luego Abraham construyó un altar y ató a Isaac encima. Cuando estaba a punto de sacrificarlo, el ángel del Señor lo detuvo y le dijo: «No extiendas tu mano contra el muchacho, ni le hagas nada; porque ahora sé que temes a Dios, ya que no me has rehusado tu hijo, tu único» (Génesis 22:12). Entonces, Abraham alzó la vista y vio un carnero trabado en un matorral. Así que tomó el carnero y lo usó como ofrenda a Dios en vez de Isaac. Abraham nombró el lugar, Jehová-jireh: «Y llamó Abraham aquel lugar con el nombre de El Señor Proveerá, como se dice hasta hoy: En el monte del

SEÑOR se proveerá» (Génesis 22:14). Dios proveyó lo que Abraham necesitaba: un carnero para el sacrificio. Siglos después, Dios haría lo mismo con nosotros cuando proveyó su único Hijo para morir en la cruz por nuestros pecados.

Nuestro Dios es Jehová-jireh. Él es nuestro proveedor. La palabra «jireh» también significa «ver». Dios vio nuestra mayor necesidad, la redención del pecado, e hizo provisión por ella. Suplió nuestra necesidad con un cordero sin mancha, Jesucristo, sacrificado en nuestro lugar. En Romanos 8, Pablo pregunta: «El que no escatimó ni a su propio Hijo, sino que lo entregó por todos nosotros, ¿cómo no habrá de darnos generosamente, junto con él, todas las cosas?» (v. 32, NVI®). Este argumento va de mayor a menor. Si Dios suplió nuestra mayor necesidad, ¿cómo podemos pensar que no va a satisfacer todas las demás necesidades? Es importante hacernos estas preguntas cuando estamos preocupados por nuestras necesidades. Nos recuerda que Dios es el proveedor perfecto.

Nuestro Padre suple nuestras necesidades

Hace algunos años, nuestra familia dio un viaje épico a Israel. Vimos los lugares de los que habíamos leído tantas veces en la Escritura. Caminamos por donde caminó Jesús. Oramos y cantamos en los mismos lugares donde Él oró y cantó. Uno de los lugares que visitamos fue la ladera donde Jesús predicó el Sermón del Monte. Nuestro grupo se sentó allí, disfrutando del paisaje del valle y pensando acerca de los miles que se reunieron para escuchar a Jesús predicar hace tantos siglos. Nos turnamos para leer porciones de Mateo 5—7. Es un recuerdo que se grabó de manera profunda en mi mente y una de la que me acuerdo cada vez que leo esta porción de la Escritura.

Una de mis partes favoritas de este sermón se encuentra en Mateo 6:25-34, donde Jesús habla de las preocupaciones y los afanes de esta vida. Es un pasaje tierno y compasivo, dicho por Aquel que dejó las glorias del cielo para tomar forma humana y experimentar todas las pruebas y dificultades de la vida en este mundo caído. En solo un par de capítulos antes de esto, leemos acerca del encuentro de Jesús con Satanás en el desierto donde ayunó por cuarenta días, lo tentaron a pecar y resistió. Débil por el hambre y la sed, nuestro Salvador se mantuvo firme ante las mentiras de Satanás, y se fortaleció con la Palabra de Dios. Este Jesús es nuestro Sumo Sacerdote que conoce bien nuestras debilidades, el que nació en un pesebre humilde, un simple carpintero, quien nos habla acerca de los afanes de la vida.

Para muchos creyentes, este pasaje de Mateo 6 es muy conocido. Es uno que quizá leamos a la ligera o en profundidad, pues lo conocemos muy bien. Sin embargo, es un pasaje hermoso, uno que debemos saborear y atesorar. Jesús comienza diciéndoles a sus oyentes: «No se preocupen por su vida, qué comerán o beberán; ni por su cuerpo, cómo se vestirán. ¿No tiene la vida más valor que la comida y el cuerpo más que la ropa?» (Mateo 6:25, NVI®). El difunto pastor británico Martyn Lloyd-Jones señala que Jesús hace referencia aquí a toda la vida: «la salud, la fortaleza, el éxito, lo que nos va a suceder [...]. También toma el cuerpo como un todo»[2]. Considera todas las cosas por las que nos preocupamos en cuanto a nuestra vida y nuestra salud. Todas esas cosas que consumen nuestro tiempo y nuestra atención. Todos esos «¿Y si...?» acerca del futuro. Entonces, Jesús argumenta de mayor a menor: «¿No tiene la vida más valor que la comida y el cuerpo más que la ropa?» (v. 25). Lloyd-Jones dice que Jesús quiere que recordemos de dónde viene nuestra vida, la fuente de nuestra vida. «El argumento que nuestro Señor emplea es este: Si Dios le ha dado el don de la vida —el don mayor— ¿creéis que ahora de repente va a negarse a sí mismo y a sus propios métodos, y a no procurar que la vida se sostenga y pueda continuar?»[3].

Jesús continúa llamando nuestra atención a las cosas que vemos cada día: las aves del cielo y los lirios del campo. Nos dice cómo Dios les provee alimento a las aves (v. 26) y cómo viste los lirios con un ropaje mejor que el que vestía Salomón (vv. 28-29). En otros lugares de la Escritura vemos cómo Dios se ocupa de toda su creación: «Desde tus altos aposentos riegas las montañas; la tierra se sacia con el fruto de tu trabajo [...]. Los leones rugen, reclamando su presa, pidiendo a Dios que les dé su alimento» (Salmo 104:13, 21, NVI®). «¿No se venden dos pajarillos por un cuarto? Y sin embargo, ni uno de ellos caerá a tierra sin permitirlo vuestro Padre» (Mateo 10:29). Jesús pregunta: «¿No sois vosotros de mucho más valor que ellas?» (Mateo 6:26). Dios no solo es nuestro creador, como lo es de las plantas y animales. Él es más que eso. Él es nuestro Padre. Este argumento va de menor a mayor: si Dios provee las necesidades de su creación, ¿cuánto más proveerá para suplir las necesidades de sus hijos amados a quienes escogió en Cristo antes de la creación del mundo?

Jesús va más allá y dice que quienes no son hijos de Dios, quienes están fuera de la fe, se preocupan por sus necesidades, pero nosotros no tenemos necesidad de hacerlo. «Porque los gentiles buscan ansiosamente todas estas cosas; que vuestro Padre celestial sabe que necesitáis de todas estas cosas» (v. 32). Una vez más se nos recuerda que Dios es nuestro Padre. Él nos ama y nos cuida, y conoce todas nuestras necesidades. Es más, nuestro Padre las conoce antes que nosotros. Él sabe todo acerca de nosotros (Salmo 139). Conoce nuestros pensamientos y deseos, nuestros dolores y temores. Conoce nuestros cuidados y las cosas que nos mantienen despiertos en la noche. Conoce las tentaciones que enfrentamos y las pruebas que sufrimos. Conoce la pérdida de ese trabajo y nuestras preocupaciones por la educación de nuestros hijos. Sabe de todos los exámenes médicos de la semana próxima y las cuentas que debemos pagar. Nuestro Padre lo sabe todo y nos promete suplir nuestras necesidades. Lloyd-Jones concluye: «Cuando uno se ve como hijo suyo, entonces sabe que Dios cuidará de uno sin lugar a dudas»[4].

Dios no siempre nos da lo que queremos

Después de leer esto puede que pienses: «Sí, estoy de acuerdo con que Dios me provee. Sin embargo, ¿qué me dices de ______________________?». ¿Qué me dices de las oraciones que Dios no ha contestado? ¿Qué me dices de esos momentos cuando no me ha dado lo que le hemos pedido? ¿Qué me dices de la prueba que estamos atravesando ahora de la que no nos ha librado? ¿Qué me dices del empleo que perdí o de las facturas que todavía quedan por pagar? ¿Qué me dices de las luchas de salud continuas de nuestro hijo? Estas son preguntas importantes que todos nos hacemos.

A veces leemos acerca de las promesas de provisión en la Escritura y nos sentimos tentados a pensar que significa que Él es como la máquina de dulces del cielo: insertamos la oración y sale todo lo que queremos.

Dios nos provee lo que necesitamos, pero no siempre nos da lo que queremos. En realidad, Él nos da más.

Podemos tratar a Dios como el pozo de los deseos, tirando las oraciones como monedas para cada deseo de nuestro corazón. Dios, en cambio, no es eso para nosotros; no es un genio en una lámpara que sale para cumplirnos nuestros tres deseos. Como hemos visto en todo este libro, Dios es nuestro Padre, nuestro Hacedor, nuestro Salvador. Sí, Él nos provee lo que necesitamos, pero no siempre nos da lo que queremos. En realidad, Él nos da más.

San Agustín, padre de la iglesia primitiva, tenía muchos deseos y necesidades. Antes de poner su fe en Cristo, fue tras todos esos deseos con pasión. Se deleitó en todos los placeres que este mundo ofrece y adoró los ídolos del sexo, el conocimiento, la comodidad y el alcohol. Trató varias religiones y relaciones. Sin embargo, nada podía satisfacer el anhelo de su alma. Después de venir a la fe, escribió su famosa cita: «Nos has hecho para ti y nuestro corazón está inquieto hasta que repose en ti»[5]. Nos crearon para tener una relación con Aquel que nos hizo y en nada más encontraremos satisfacción. Podemos llenar el vacío con cosas materiales, relaciones, dinero y éxito, pero nuestro corazón siempre estará inquietos hasta que tengamos comunión con Dios, porque Él es lo que más necesitamos.

Los judíos de los tiempos de Jesús anhelaban que viniera el Mesías para rescatarlos. Esperaban que viniera como rey y tomara de los romanos el poder que Roma les había quitado. Esperaban que viniera como guerrero y conquistara a sus enemigos. No obstante, Jesús vino al mundo como un bebé que no nació en un palacio, sino en un pesebre. Vivió en la pobreza y nunca tuvo casa propia. Su misión no fue tomar el control político; su misión fue redimir a los pecadores. Vino para devolvernos la comunión con Dios, para restaurar nuestra relación con Dios. En vez de conquistar un poder militar, Él conquistó el pecado y la muerte. Los judíos pensaban que sabían lo que más necesitaban, pero Dios sabía que su verdadera necesidad no estaba en sus circunstancias en la tierra, sino en una vida y un corazón transformados. Lo mismo sucede con nosotros. Nuestra mayor necesidad no es un nuevo empleo, aunque a veces esto es bueno. Nuestra mayor necesidad no es pagar la deuda financiera, aunque también esto es bueno. Nuestra mayor necesidad no la encontramos en la persona con la que nos casamos, la escuela a la que asiste nuestro hijo, el éxito que tengamos en la vida ni en quién gana las elecciones, aunque todas estas cosas son buenas e importantes. Nuestra mayor necesidad no es física, sino espiritual. Nuestra mayor necesidad es reconciliarnos con Dios.

A veces, cuando oramos y le pedimos al Padre que nos dé algo, puede que lo que pidamos no sea lo mejor para nosotros en ese momento. Como ya vimos, Dios usa las pruebas y los desafíos de la vida para santificarnos, para enseñarnos y hacernos más semejantes a Cristo. Nuestro Padre sabe lo que es mejor para nosotros, y nos dará todo lo que es bueno y justo según su voluntad para nosotros. Nuestra tarea es orar a nuestro Padre por nuestras necesidades y luego confiar que Él proveerá, sabiendo que a veces tiene algo mejor para nosotros. Como dijo Jesús en Mateo 7:8-11 (NVI®):

> Porque todo el que pide, recibe; el que busca, encuentra y al que llama, se le abre. ¿Quién de ustedes, si su hijo pide pan, le da una piedra? ¿O si pide un pescado, le da una serpiente? Pues si ustedes, aun siendo malos, saben dar cosas buenas a sus hijos, ¡cuánto más su Padre que está en los cielos dará cosas buenas a los que le pidan!

Así que pidámosle a nuestro Padre que supla nuestras necesidades, sabiendo que siempre nos dará justo lo que necesitamos.

Nuestro Padre ama a sus hijos. Es el proveedor perfecto. Él suple nuestras necesidades diarias. Es más, Él ya suplió nuestra mayor necesidad cuando nos dio a Jesucristo. ¿Cómo podemos nosotros como padres reflejar la imagen de Jehová-jireh a nuestros hijos? ¿Cómo podemos mostrarles al Padre a nuestros hijos en nuestra manera de suplir sus necesidades?

Cómo reflejarles la imagen de Dios a nuestros hijos

¿Qué necesitan tus hijos? Una gran pregunta, ¿verdad? Necesitan muchas cosas. Necesitan amor y cuidado. Necesitan instrucción y disciplina. Necesitan seguridad. Necesitan alimento y techo. Necesitan todo de lo que hemos hablado hasta ahora en este libro. Y como padres, somos responsables de satisfacer esas necesidades. Sin duda, tenemos la responsabilidad de ellos legalmente, pero aún más, tenemos la responsabilidad delante de Dios de atender las necesidades de nuestros hijos. Somos sus primeros proveedores, y al satisfacer sus necesidades, guiamos a nuestros hijos hacia su Padre celestial.

La Biblia compara a menudo el cuidado de un padre de su hijo con la forma en que Dios cuida de nosotros:

> Como un padre se compadece de sus hijos, así se compadece el SEÑOR de los que le temen. (Salmo 103:13)
>
> ¿Puede una mujer olvidar a su niño de pecho, sin compadecerse del hijo de sus entrañas? Aunque ellas se olvidaran, yo no te olvidaré. (Isaías 49:15)
>
> Como uno a quien consuela su madre, así os consolaré yo; en Jerusalén seréis consolados. (Isaías 66:13)

> Más bien demostramos ser benignos entre vosotros, como una madre que cría con ternura a sus propios hijos. (1 Tesalonicenses 2:7)

A medida que proveemos y satisfacemos las necesidades de nuestros hijos, ellos ven al Padre a través de nosotros. Como padres, a menudo dedicamos tiempo y esfuerzo a preparar sus comidas todos los días. Podríamos cortar la corteza del pan, tal y como prefieren su sándwich de mantequilla de maní y mermelada. O les hacemos su comida favorita tres días seguidos, ¡pues lo cierto es que solo comen tres cosas! O somos más creativos en la preparación y buscamos la manera de añadir nutrición a lo que les gusta comer. De todas estas formas les mostramos a nuestros hijos al Padre que nos da el pan de cada día. Cuando te quedas despierto toda la noche para consolar a tu hija durante una tormenta que le da miedo, ella ve al Padre que es el Dios de todo consuelo, que nos protege en medio de las tormentas de la vida. Cuando cuidas a tu hijo enfermo y lo llevas al médico para sus chequeos, él ve al Padre que es el Médico por Excelencia y sanador de nuestras almas. En tu esfuerzo por darles a tus hijos una educación y enseñarles acerca de este mundo inmenso que Dios creó, ven al Padre, la fuente de toda sabiduría. Y cuando los nutres con amor y afecto, ven al Padre que los amó en Cristo desde antes de la creación del mundo.

Lo que queremos versus lo que necesitamos

Sin embargo, como lo que queremos y lo que necesitamos no siempre son lo mismo, igual sucede con nuestros hijos. Lo que necesitan no siempre es lo que quieren. ¿Qué sucede cuando nuestros hijos piden algo que nosotros no pensamos que les conviene? ¿O cuando quieren lo que otros tienen? ¿Qué sucede cuando no podemos darles algo a causa de nuestro presupuesto limitado? Así como Dios siempre nos da lo que necesitamos, pero no necesariamente lo que queremos, nosotros hacemos lo mismo con nuestros hijos.

Los padres siempre queremos darles a nuestros hijos más de lo que tuvimos nosotros. Queremos que nuestros hijos tengan oportunidades, experiencias y recursos que no tuvimos nosotros a nuestra disposición en nuestra niñez. Sé que yo lo quiero así. Por eso mi esposo y yo hemos llevado a nuestros hijos a viajes para que puedan ver lugares que nosotros nunca vimos de niños. Por eso los involucramos en los deportes a una edad temprana. Por eso les hemos dado ciertas oportunidades educacionales, les hemos leído numerosos libros, y los hemos animado en sus destrezas y habilidades naturales. Aunque no es nada malo querer para nuestros hijos más de lo que tuvimos nosotros, debemos detenernos y recordar lo que Dios hace con nosotros como Padre.

Considera lo que Dios te enseñó durante esos tiempos de escasez. Entonces, cuando no tenías los recursos o el acceso a algo, aprendiste a depender de Dios como no hubieras podido hacerlo de otra manera. Ha habido muchos tiempos en mi vida cuando no tuve suficiente dinero, habilidad o fuerza, y el Señor se encontró conmigo allí y me dio con exactitud lo que necesitaba. A menudo, al volver la vista atrás a esos tiempos, recuerdo su provisión. Piensa también acerca de esos momentos cuando fracasaste en algo y aprendiste que tu valor no está en tus éxitos, sino en tu identidad en Cristo. O esas ocasiones en las que Dios no te dio de inmediato lo que pedías y aprendiste a tener paciencia y esperanza mientras esperabas. O cuando Dios puso un obstáculo en tu camino para que no te dieran ese empleo, esa casa o algo que deseabas y, como resultado, te diste cuenta de que eso era un ídolo que adorabas y te llevó al arrepentimiento. De todas estas maneras y más, cuando Dios no nos da todo lo que queremos o nos lleva a través de circunstancias difíciles, nos proporciona lo que necesitamos para aprender y crecer en nuestra fe.

En Proverbios, el autor le pide a Dios que no le dé ni demasiado ni muy poco: «No me des pobreza ni riqueza; dame a comer mi porción de pan, no sea que me sacie y te niegue, y diga: ¿Quién es el SEÑOR?, o que sea menesteroso y robe, y profane el nombre de mi Dios» (30:8-9). Describe cómo ambos extremos son problemáticos a su relación con el Señor. Hay sabiduría aquí para nosotros cuando consideramos lo que les damos a nuestros hijos. Un buen lugar para empezar es la oración, pedirle al Señor sabiduría para saber lo que es bueno para nuestros hijos y lo que necesitan. En términos de bienes materiales, quizá decidamos no comprarles todo lo que piden. O podemos permitirles a propósito que aprendan a esperar algo. No hay una fórmula para estas cosas, solo sabiduría extraída de Dios y su Palabra.

En última instancia, queremos satisfacer la mayor necesidad de nuestros hijos: la redención en Cristo. Si bien solo Dios puede proveerles eso, debemos señalarles esa necesidad y al Dios que la satisface. Cuando esta es nuestra prioridad, ayuda a que otras cosas caigan en su lugar. Podemos medir las oportunidades, experiencias y cosas materiales que consideramos «provisión» en función de esta necesidad. ¿Cómo puede una experiencia concreta ayudar o dificultar su relación con Dios? ¿Cómo podría una actividad específica ser una barrera o un camino para su comprensión del evangelio? ¿Cómo podría la búsqueda de un objeto material entrar en conflicto o ayudarles a ver a Cristo como su mayor necesidad?

La importancia de decir no

Nuestros niños aún no saben lo que es mejor para ellos. No tienen el conocimiento, la experiencia y la madurez para tomar decisiones por su cuenta. A lo largo de su infancia, adquirirán los conocimientos necesarios para hacerlo cuando sean adultos. Dios nos ha dado la autoridad en sus vidas, y ellos deben obedecer a esa autoridad, pues cuando lo hacen, obedecen a Dios.

Esto significa que nosotros debemos sentirnos a gusto diciendo que no cuando sea necesario. Hay veces cuando nuestros hijos nos piden algo que sabemos que no es bueno para ellos y tenemos que decir que no. Puede que peleen, se resistan o protesten, pero nosotros necesitamos ser firmes en nuestra decisión. Cuando cedemos a sus peticiones solo para apaciguarles o evitar que se enfaden en público, nuestros hijos aprenden que su respuesta era aceptable y, al poco tiempo, responden del mismo modo cada vez que les decimos que no.

Sin embargo, también es importante que cuando les digamos no a algo sea por el motivo adecuado. A veces decimos que no solo porque no queremos molestarnos con la inconveniencia o porque no queremos dedicar el tiempo de considerar su petición. Hay veces que estoy cansada al final del día y solo quiero pasar la tarde relajándome y haciendo lo que me apetece. Entonces, uno de mis hijos me pide que lo lleve a algún lugar y, de inmediato, quiero decir: «No». Su petición es una interrupción a mis planes. Los niños pueden identificar con rapidez si les negamos algo a causa de nuestro propio egoísmo o haraganería. Esto nos da la oportunidad de ser ejemplo en cómo Dios responde a nuestras peticiones. Cuando tenemos una necesidad, clamamos a Dios en oración. Él escucha y nos da lo que necesitamos. Hagamos lo mismo con nuestros hijos. Escuchémoslos cuando vienen a nosotros. Permitamos que nos encuentren accesibles y siempre preparados para escuchar lo que nos tienen que decir. Que nos vean como padres que procuran proveerles lo mejor, como hace nuestro Padre con nosotros.

El ejemplo para nuestros hijos

En nuestra propia familia ha habido momentos en los que no podíamos proporcionarles a nuestros hijos todo lo que necesitaban. Quizá nuestro presupuesto era ajustado o solo nos faltó la sabiduría para tomar la decisión adecuada. Entonces, oramos juntos como familia para que el Señor nos diera lo que necesitábamos. Tal vez oramos por ayuda financiera, por sabiduría para conocer el camino o para que el Señor nos ayudara a sentirnos satisfechos con su provisión. Estas oraciones ayudan a nuestros hijos a aprender a clamar a Dios en sus propias necesidades.

Nuestros hijos aprenden mucho cuando nos escuchan orar en voz alta. Aprenden que Dios es la fuente de todas las cosas buenas y que todo lo que tenemos proviene de su mano. Aprenden a buscarlo para su pan de cada día y a acudir a Él en busca de consuelo, liberación y sanidad.

Cuando nuestros hijos eran pequeños, teníamos un frasco lleno de palitos de helado sobre la mesa. En cada palito escribíamos una petición de oración. Estas peticiones no solo eran por nuestra familia, sino por otros por los que orábamos. Durante la cena nos turnábamos para orar en voz alta por estas necesidades. Cuando era nuestro turno, cada uno de nosotros tomaba un palito y oraba por esa necesidad. Esto lo usábamos para desarrollar en ellos la práctica de orar al Señor por sus necesidades. Hoy en día, todavía nos turnamos para orar durante la cena, y le traemos nuestras peticiones a nuestro Jehová-jireh, el que provee todo lo que necesitamos.

Preguntas para discusión

1. Lee Filipenses 4:6. ¿Cuál es tu mayor necesidad en este momento? ¿Has orado a tu Padre al respecto?

2. ¿Cómo viste a Dios suplir tus necesidades en el pasado? ¿Hubo momentos en los que Dios no te dio lo que querías, pero te dio algo diferente? ¿Qué aprendiste de esos momentos cuando Dios no te dio lo que le pediste?

3. Lee el Salmo 37:4. ¿Cuándo nos concede Dios los deseos de nuestro corazón?

4. Lee Proverbios 30:7-9. ¿Qué opinas de esta petición? ¿Qué te dice este pasaje en lo que respecta a la provisión para tus hijos?

5. ¿Cuál es la mayor necesidad de tus hijos? ¿Cómo se pueden beneficiar cuando les dices que no a algo que quieren?

6. Nombra algunas maneras prácticas de enseñarles a tus hijos que Dios es Jehová-jireh.

7. ¿De qué manera puedes transmitirles hoy a tus hijos la imagen de tu Padre celestial?

La oración de un padre

Jehová-jireh, tú eres mi proveedor. Tú suples todas mis necesidades. Tú conoces mis necesidades antes de que yo te las pida. Gracias por el don de fe en Cristo. Hiciste un camino para que pudiera recuperar la relación contigo. Tú siempre has abierto el camino. Ayúdame a recordar la promesa y la provisión de Abraham, y saber que siempre provees. Al considerar la manera en la que provees para mí, ayúdame a ser ejemplo para mis hijos en mi forma de proveerles. ¡Es tan difícil no comprarles todo lo que quieren! También es difícil negarles lo que piden. Ayúdame a medir todas las cosas contra la mayor necesidad de ti de sus almas. Permite que mis provisiones para ellos les señalen a ti, su Jehová-jireh.

En el nombre de Jesús, amén.

8

DIOS ES PACIENTE CON SUS HIJOS

Cuando tienes un hijo, a menudo tus amistades y familiares te cuentan sus propias historias acerca de sus experiencias en la crianza de sus hijos. También te aconsejan acerca de todo, desde los juguetes y artefactos preferidos hasta la mejor manera de hacer que tu bebé duerma toda la noche. Un consejo que escuché de muchos padres fue: «Disfruta cada momento, pues pasan muy rápido». Todas estas amistades tenían más experiencia que yo en el camino de la crianza de los hijos. Es probable que miraran a mi hijo acurrucado en su portabebés y se acordaran de cuando sus hijos eran lo suficiente pequeños como para llevarlos en brazos, pero ya habían crecido y se habían ido de casa.

Aunque escuchaba los consejos, no me apresuré mucho en seguirlos. Estaba impaciente porque mis hijos crecieran. En vez de disfrutar la etapa en que estaban, esperaba la próxima con expectativa. Pensaba: «No puedo esperar a que duerma toda la noche. Entonces, nosotros podremos dormir también». «No puedo esperar hasta que camine solo para no tener que cargarlo». «No puedo esperar hasta que hable... vaya solo al baño... monte la bicicleta... conduzca un automóvil». Pronto me vi pasando la misma sabiduría que había recibido, habiendo aprendido la dura lección de que el tiempo pasa demasiado rápido.

Sin embargo, mi impaciencia fue mucho más allá que solo querer apretar el botón de avance del pasar del tiempo. También fui impaciente con las idiosincrasias únicas de mis hijos; sus insistencias de que las cosas se hicieran de cierta manera; su constante energía y curiosidad; su resistencia al cambio. También fui impaciente con su conducta. Me irritaba cuando tenía que repetir las mismas instrucciones o enseñarles la misma lección. Me veía diciendo: «¿Cuántas veces debo decirte que...?». Reaccionaba frustrada por el comportamiento normal de un niño: entusiasmo excesivo, accidentes y olvidos generales. Como resultado, una de mis oraciones más fervientes era por paciencia. (Por cierto, ¡es una oración que he escuchado a mis hijos hacer por mí!). Mi paciencia se ha probado más como madre que en cualquier otro contexto. A decir verdad, ha sido un lugar en mi vida donde la obra santificadora de Dios ha sido más activa.

La paciencia es una de esas virtudes por las que más oramos; no obstante, cuando el Señor nos da la oportunidad de aprenderla y practicarla, la resistimos. Es algo como el ejercicio: ¿No sería fantástico levantarnos un día fuertes y en forma sin tener que esforzarnos para llegar ahí? Nos gustaría que nos dieran paciencia en bandeja de plata, no tener que practicarla ante experiencias frustrantes. La paciencia también parece esquiva, fuera de nuestro alcance. Sabemos lo que parece cuando la vemos, pero conseguirla parece imposible. Es como intentar atrapar a un colibrí en pleno vuelo; se aleja tan rápido como llegó.

Nuestra lucha con la paciencia puede variar de persona a persona. Algunos pueden luchar con las preguntas de un niño de tres años. Otros son impacientes cuando tienen que recordarles a los hijos que hagan algo que debieron haber aprendido hace mucho. Algunos solo se frustran con la inmadurez y la incesante curiosidad de un niño. Aun otros descubren que son más impacientes con un hijo que tiene una personalidad muy diferente a la suya. Cuando estamos impacientes, podemos responderles a nuestros hijos con irritación y enfado. Podemos ser sarcásticos y despectivos. Incluso podemos responder con enojo. La impaciencia crea una barrera en la relación con nuestros hijos. Además, sabemos que la Biblia nos llama a ser pacientes unos con otros (1 Corintios 13:4; Gálatas 5:22; 1 Tesalonicenses 5:14).

A lo largo de los años en la crianza de mis hijos, seguí volviendo a mi propia impaciencia, mirándola desde diferentes ángulos y analizándola. Quería ser más paciente, pero me parecía muy difícil y empecé a preguntarme si tal vez no era capaz de serlo. Sin embargo, cuando mis hijos llegaron a los años de la preadolescencia, el Señor me recordó con dulzura mis propios años de preadolescencia. Como en el cuento de Dickens, volví a visitar mi pasado y vi cómo la mano de Dios fue paciente conmigo toda la vida, los comienzos y las paradas, las lecciones aprendidas y repetidas, y cómo el Señor fue paciente conmigo durante todo el proceso. Y cuanto más pensaba en la paciencia de mi Padre conmigo, más disminuía mi propia impaciencia con mis hijos.

En este capítulo, veremos la paciencia de Dios para con nosotros y cómo moldea nuestra propia paciencia con nuestros hijos.

Dios es paciente

Una de las características de Dios es que es paciente. La paciencia de Dios con nosotros es un poco diferente a la forma en que casi siempre pensamos acerca de la paciencia. A menudo pienso en la paciencia como la cualidad de esperar en una línea sin irritarme. O pasar por alto los gestos singulares de las personas que forman parte de mi vida. Y hasta soportar el paso del tiempo hasta que suceda un evento que espero con ansias. Y de seguro que la paciencia significa eso. Sin embargo, en la Biblia, esta característica tiene un matiz aún más profundo, en especial cuando describe la paciencia de Dios con nosotros.

Cuando Moisés pidió ver la gloria de Dios, Él le pasó por delante y se describió a sí mismo como: «compasivo y clemente, lento para la ira y abundante en misericordia y fidelidad» (Éxodo 34:6). Esta descripción de Dios se repite por todo el Antiguo Testamento. La frase «lento para la ira» se traduce *sufrido* en algunas traducciones, otra palabra para paciencia. Ser sufrido significa soportar con paciencia una ofensa duradera por causa del amor. El profeta Jonás conocía esta característica de Dios y por eso no quiso ir a Nínive e intentó huir (Jonás 4:2). A lo largo del Antiguo Testamento leemos relato tras relato del pecado de Israel y la gran paciencia de Dios. Él les envió un sinnúmero de profetas que predicaron arrepentimiento y les avisaron de las consecuencias de su pecado. Retuvo el castigo que merecían y les dio oportunidades para arrepentirse de su pecado y volver a Él. Dios sufrió por mucho tiempo; fue paciente por causa del amor. Y, en realidad, está con nosotros.

Considera la paciencia del Señor para con nosotros antes de que llegáramos a la fe en Cristo y la vida que vivíamos.

Examina las formas en que vivimos para nosotros mismos, adoramos a dioses falsos y pisoteamos la verdad. Considera también nuestros pensamientos, palabras y acciones pecaminosas. Dios soportó con paciencia nuestro pecado hasta el momento en que abrió nuestros ojos para ver nuestra necesidad de un Salvador. Él nos salvó de nuestro pecado, nos adoptó a la familia de Dios y nos instruyó en el camino de justicia. Aunque ya no somos esclavos del pecado y somos libres de su poder sobre nosotros, su presencia todavía está presente. El Señor continúa siendo paciente con nosotros mientras aprendemos y reaprendemos el camino de la gracia. Una y otra vez pecamos y buscamos el perdón a través de la sangre de Cristo y Dios nos perdona. Él sufre mucho por amor a nosotros. ¡Qué gracia!

El apóstol Pablo nos recuerda de la paciencia de Dios con nosotros cuando nos llama a revestirnos de paciencia. «Por lo tanto, como pueblo escogido de Dios, santo y amado, revístanse de afecto entrañable y de bondad, humildad, amabilidad y paciencia, de modo que se toleren unos a otros y se perdonen si alguno tiene queja contra otro. Así como el Señor los perdonó, perdonen también ustedes» (Colosenses 3:12-13, NVI®). Debemos amar a otros como el Señor nos amó a nosotros. Debemos ser pacientes y sufridos. Debemos perdonar como nos han perdonado. El predicador puritano Jonathan Edwards describe este amor sufrido por nosotros así: «Por lo tanto, el que ejerce una paciencia cristiana hacia su prójimo, soportará las injurias que reciba de él sin vengarse ni tomar represalias, ya sea con hechos injuriosos o con palabras amargas [...]. Recibirá todo con un semblante tranquilo e imperturbable, y con un alma llena de mansedumbre, tranquilidad y bondad»[1].

Dios tiene paciencia mientras crecemos

Una de las formas en que Dios es paciente con nosotros es en nuestro crecimiento en la fe. Es como un paciente labrador que cuida de su huerto y espera por la cosecha.

Un año de educación en casa, mis hijos y yo hicimos un estudio sobre botánica. Para los que no conozcan el concepto de educación en casa, los padres a menudo aprenden tanto como los niños, y así sucedió con nuestro estudio de las plantas. Hicimos un experimento con semillas, las envolvimos en papel toalla y las pusimos en diferentes bolsas plásticas. Entonces, pusimos esas bolsas en distintos lugares en la casa para ver dónde se desarrollaban mejor. ¡No debe sorprendernos que no les fue muy bien a las que pusimos en el armario del aula! Durante ese año estudiamos todo tipo de plantas, aprendimos cómo crecían y observamos varias plantas durante su proceso de crecimiento. Lo lamentable es que también redescubrí que no heredé la habilidad para la jardinería de mi abuelo.

La Biblia usa muchas metáforas agrarias y agrícolas para describir conceptos espirituales. En la historia antigua, la gente comprendía esas metáforas porque la mayoría cosechaba sus propios alimentos. No iban en el auto hasta el supermercado local para seleccionar los melones y pepinos de un montón en la sección de productos agrícolas. También sabían de primera mano el trabajo que costaba cuidar de las viñas. Sabían cómo se veía un árbol frutal saludable y el esfuerzo necesario para que ese árbol diera fruto. Sabían también cómo crecía el trigo, cómo hacerlo harina y, luego, cómo hacer el pan que comían.

Por eso hay tantas referencias a plantas, huertos, viñas y fruto en la Escritura. En Juan 15, Jesús se describe a sí mismo como la vid, a nosotros como las ramas y al Padre como el labrador:

> Yo soy la vid verdadera y mi Padre es el labrador. Toda rama que en mí no da fruto la corta; pero toda rama que da fruto la poda para que dé más fruto todavía. Ustedes ya están limpios por la palabra que les he comunicado. Permanezcan en mí y yo permaneceré en ustedes. Así como ninguna rama puede dar fruto por sí misma, sino que tiene que permanecer en la vid, así tampoco ustedes pueden dar fruto si no permanecen en mí. Yo soy la vid y ustedes son las ramas. El que permanece en mí, como yo en él, dará mucho fruto; separados de mí no pueden ustedes hacer nada. (Juan 15:1-5, NVI®)

Jesús usa estas imágenes para comparar nuestro crecimiento como cristianos con el de una vid. Así como una rama recibe alimento de la vid para crecer y prosperar, nosotros recibimos alimento espiritual a través de nuestra unión con Cristo. Del mismo modo que una rama no puede crecer por sí sola separada de la vid, nosotros no podemos hacer nada separados de Cristo. Al igual que el labrador cuida sus plantas, podándolas y recortándolas, también Dios nos poda a nosotros para que produzcamos más fruto. Aunque la mayoría de nosotros no cultivamos uvas, tenemos una comprensión rudimentaria de cómo crecen las cosas y podemos aprender de este pasaje sobre nuestro propio crecimiento en la fe.

Si tenemos en cuenta todo lo que ocurre en la vida de una planta, desde la semilla plantada en la tierra hasta la cosecha del fruto, es todo un proceso. Un proceso largo. El crecimiento de la planta no se produce de la noche a la mañana. Pasan muchos días de tranquilidad bajo tierra antes de que aparezca el primer brote. Esta pequeña planta debe seguir creciendo antes de estar lista para dar fruto. El labrador se encarga de regarla y abonarla. El sol derrama sus nutrientes. Sigue creciendo. Soporta días oscuros y feroces tormentas. Sigue creciendo. Un día de primavera aparecen los brotes. Luego las flores. Al final, aparece el fruto y, con él, la cosecha.

Nuestro Padre es el labrador paciente que labra la tierra de nuestro corazón. Planta semillas de fe en nosotros y nos alimenta con su Palabra. Nos cuida con amor y esmero. No apresura el proceso, pues sabe que nuestro crecimiento requiere tiempo. Cuida de nuestro corazón, podando y cortando lo que no pertenece. Nos protege de las plagas malignas que amenazan nuestro crecimiento. No nos deja solos; nos mantiene en la vid a través de todas las tormentas de la vida. Termina lo que empieza en nosotros y se asegura de que demos fruto de justicia.

Refleja la imagen de Dios con paciencia

La Biblia nos enseña a ser pacientes con otros como nuestro Padre es paciente con nosotros. La paciencia es una de las características de Dios. Él es lento para la ira. Es misericordioso y no nos da lo que merecemos. Hemos visto su paciencia con nosotros antes de que viniéramos a la fe. Hemos visto su paciencia a causa de su gran amor por nosotros. Hemos visto cómo con paciencia nos enseña, nos instruye y nos nutre. Como portadores de la imagen de Dios, tenemos el llamado a reflejar ante los demás, incluidos nuestros hijos, la paciencia que Dios tiene para con nosotros.

Como portadores de la imagen de Dios, tenemos el llamado a reflejar ante los demás, incluidos nuestros hijos, la paciencia que Dios tiene para con nosotros.

En primer lugar, sin embargo, es importante que recordemos que la paciencia es un fruto. No es algo que nos viene por naturaleza. No podemos conseguirla por pura fuerza de voluntad. Crece y se desarrolla en nosotros por obra del Espíritu. Como escribió Pablo en Gálatas 5:22-23: «Mas el fruto del Espíritu es amor, gozo, paz, paciencia, benignidad, bondad, fidelidad, mansedumbre, dominio propio; contra tales cosas no hay ley». En el pasaje que vimos antes de Juan 15, Jesús dijo que damos fruto de nuestra unión con Él. Al permanecer en Él por la Palabra y la oración, vemos cómo el fruto de la paciencia se desarrolla en nuestra vida. Estas son buenas noticias para los que hemos tratado por nuestra propia fuerza de ser pacientes y hemos fracasado. Esto también significa que la paciencia no es tan difícil de alcanzar como parece. Está al alcance de la mano, por el poder y la obra del Espíritu Santo. Oremos para que este fruto se desarrolle en nuestras vidas.

¿En qué ámbitos podemos practicar el fruto de la paciencia con nuestros hijos, mostrándoles al Padre, nuestro paciente Labrador?

Paciencia en el desarrollo

Los que trabajan con niños: médicos, maestros, terapeutas, saben que los niños aprenden ciertas cosas en determinados momentos durante su desarrollo. Los niños crecen de forma gradual a lo largo del proceso de crecimiento. Son capaces de ciertas cosas en momentos específicos. Pasan de rodar a gatear, a caminar y a correr. Comprenden el lenguaje antes de hablarlo por su cuenta. Su pensamiento es concreto antes de ser lógico. No es un proceso que se puede acelerar. Y aun cuando comienzan a aprender algo, les lleva tiempo antes de aprender la lección por completo. Un niño que comienza a caminar no puede hacerlo con seguridad por un tiempo; al principio, tropezará y se caerá. Un niño que aprendió a leer continuará luchando con palabras más complejas hasta que las domine.

Esto significa que debemos ser pacientes en cada etapa del desarrollo de nuestro hijo, sin esperar de él más de lo que es capaz y sin esperar que domine algo de inmediato. El hecho de que sean físicamente capaces de recoger sus juguetes no significa que sean lo bastante maduros de manera emocional o mental como para saber cuál es el momento adecuado para hacerlo o incluso cuáles son los mejores métodos organizativos para realizarlo. Hay tareas que tendremos que hacer con ellos una y otra vez antes de que las dominen.

También se necesita tiempo para que un niño pueda hacer malabarismos con múltiples tareas mentales a la vez. Puede que envíes a tu hija a su habitación con la orden de vestirse para el día, hacer la cama y lavarse los dientes, y que vuelva habiendo completado solo una tarea. Es posible que respondas con exasperación porque sabes que puede hacer las tres tareas por sí sola. Puede, pero no todas a la vez. Necesitará recibir instrucciones de una en una. Tu hijo preadolescente puede ser capaz de terminar las tareas que le asignan, pero puede tener dificultades para organizar bien su tiempo con el fin de cumplir con todas esas tareas según el tiempo previsto. Puede sentirse abrumado por tener que agendar múltiples tareas y fechas de entrega, y olvidar algo importante en el proceso. Necesita ayuda e instrucciones para organizar su tiempo, priorizar las tareas y controlar cuándo tiene que entregarlas.

El cerebro de una persona no termina de desarrollarse hasta poco después de cumplir veinte años. Esto significa que no podemos esperar que nuestros hijos piensen, se comporten y reaccionen como adultos hasta entonces. Esto puede ser frustrante para los padres, en especial durante los años de adolescencia cuando parecen maduros por fuera. Pueden ser mucho más altos que nosotros y parecer adultos, pero su cerebro todavía está creciendo y madurando. No nos debe sorprender que los adolescentes tomen decisiones impulsivas, pierdan la noción del tiempo o necesiten que les recuerden las cosas. Siguen necesitando nuestra dirección y nuestros recordatorios. Necesitan padres pacientes que caminen a su lado, enseñándoles y volviéndoles a enseñar cómo desenvolverse en el mundo.

Les mostramos paciencia a nuestros hijos cuando los ayudamos con las tareas y no respondemos con irritación cuando necesitan apoyo o recordatorios. La paciencia se muestra cuando no esperamos de ellos más de lo que son capaces de hacer. O cuando no respondemos con enojo o sarcasmos cuando tropiezan, cometen un error o se olvidan de algo que ya saben. Los padres deben ser como labradores que esperan con paciencia que la semilla germine en la tierra. Nuestro Padre, el Labrador, es paciente con nosotros mientras crecemos. Dios permita que podamos reflejarlo mientras esperamos con paciencia que nuestros hijos crezcan y maduren.

Paciencia en el comportamiento

Si haces una búsqueda de la frase «lento para la ira» en una aplicación móvil de la Biblia, encontrarás numerosas citas que describen a Dios como lento para la ira. La impaciencia y la ira van de la mano. Cuando somos impacientes con el comportamiento de nuestros hijos, podemos reaccionar con ira o responder con palabras o acciones severas. Diremos cosas crueles y los denigraremos con sarcasmo. Los amenazaremos con consecuencias extremas. La Biblia nos advierte que no nos apresuremos para airarnos (Eclesiastés 7:9; Efesios 4:26, 31; Santiago 1:19-20), ni que pequemos en nuestro enojo. Muchos de nosotros hemos arremetido contra nuestros hijos con ira. Sabemos que está mal, pero nos sentimos tan exasperados y frustrados que reaccionamos ante su comportamiento.

Si profundizamos en esa ira, a menudo encontramos el ídolo del control acechando allí. La impaciencia desea controlar el tiempo, las circunstancias y las personas. Queremos que las cosas sucedan según nuestro cronograma y calendario. Queremos que la vida transcurra como la planeamos. Queremos que la gente haga las cosas a nuestra manera. Cuanto más adoramos el control, más nos enojamos con la persona lenta en el tráfico o con la larga espera en la fila de la caja. De inmediato nos frustramos cuando eventos inesperados interfieren en nuestro día planificado con sumo cuidado.

Cuando se trata de nuestros hijos, respondemos con ira cuando no podemos controlar su comportamiento. Nos impacientamos y nos enfadamos cuando tardan en salir por la mañana y nos hacen llegar tarde al trabajo, cuando sus gritos de cansancio nos impiden hacer la compra o cuando sus repetidos problemas en clase nos obligan a reunirnos de nuevo con la maestra. Solo queremos que hagan lo que nosotros queremos que hagan. Solo queremos que las cosas vayan como las planeamos. A menudo, nuestra ira no se debe a que nuestros hijos violaron la ley de Dios, sino porque no cumplen la nuestra. Nuestros deseos y anhelos tienen prioridad, y cuando se rompen, perdemos la paciencia.

En cambio, Dios nos llama a responder con paciencia, con longanimidad. Lo hacemos porque sabemos que Dios nos ha rescatado y perdonado por cosas mucho peores que las que han hecho nuestros hijos. Sabemos cuántas veces tropezamos con el mismo pecado, pero Dios nos perdona por la sangre de Cristo. Conocemos nuestro propio corazón presto para desviarse, y cuánto nos falta todavía por andar en nuestro propio crecimiento y desarrollo. Como escribió Paul Tripp: «Como nuestros hijos, tú y yo hacemos lo mismo una y otra vez porque no solo somos ciegos, somos ciegos a nuestra ceguera. Necesitamos cuidado compasivo y paciente si queremos cambiar, y nuestros hijos también»[2]. No podemos ser como el siervo malvado de la parábola, al que se le perdonó mucho por su deuda, pero que luego fue a encarcelar a los que le debían poco (Mateo 18:21-35). Debemos ser lentos para la ira y rápidos para perdonar.

A veces esto significa alejarnos de nuestros hijos y no interactuar con ellos hasta que nos hayamos calmado. Puede que tengamos que abstenernos de tomar decisiones disciplinarias hasta más tarde. La paciencia también puede consistir en no dejar las cosas para el último momento, de modo que nos veamos apurados y frustrados con nuestros hijos porque no se apresuran con nosotros. Quizá necesitemos reevaluar nuestras expectativas para con nuestros hijos. ¿Esperamos algo que aún no son capaces de hacer? ¿Son demasiado pequeños para arrastrarlos de un recado a otro sin una siesta de por medio? Puede que también necesitemos echar un vistazo sincero a nuestro corazón en busca de ídolos y preguntarnos: ¿Estamos impacientes y enfadados porque nuestros hijos están violando la Palabra de Dios, o porque han violado nuestras propias leyes y expectativas personales?

La paciencia también requiere ser proactivo en lugar de reaccionario. Somos más propensos a impacientarnos cuando no hemos previsto o planificado un desafío. Después de demasiadas visitas tortuosamente largas a la consulta del médico con mis hijos, aprendí a llevar bocadillos extra, libros de actividades y juguetes pequeños para mis activos hijos. Una vez, cuando por fin el médico llegó al consultorio, ¡encontró que ellos habían convertido la habitación en una pista para sus carritos! Valió la pena tomar tiempo para prepararme, pues en lugar de quejarse y protestar, y yo responder con impaciencia, mis hijos se mantuvieron ocupados y contentos mientras esperábamos por el médico.

Cualquiera que sea la manera en que vivamos la paciencia en nuestra crianza, permite que esas maneras estén arraigadas en la paciencia y la gracia de nuestro Padre hacia nosotros. Que todos dediquemos tiempo a recordar su gran paciencia para con nosotros.

Paciencia mientras esperamos que Dios obre

Otro aspecto en el que a los padres les resulta difícil tener paciencia es esperar que el Señor obre en el corazón de sus hijos. Como creyentes, nuestro mayor deseo es ver a nuestros hijos llegar a la fe en Cristo. Anhelamos verlos ser parte de la familia de Dios, confiar en Jesús como su Salvador y saber que estaremos con ellos en la eternidad. Este es un anhelo bueno y justo. Aun así, es difícil esperar y observar que el Señor obre en el corazón de nuestros hijos para que pasen de muerte a vida en Cristo.

Una de las características inherentes de la paciencia es esperar bien. Cuando se trata de esperar la obra del Señor en el corazón de nuestros hijos, es preciso hacerlo con esperanza y confianza. La Biblia nos dice que es bueno esperar en el Señor: «Bueno es esperar en silencio la salvación del SEÑOR»

(Lamentaciones 3:26). Eso se debe a que suceden cosas buenas mientras esperamos. Nuestros propios corazones cambian en el proceso a medida que descansamos en la soberanía del Señor y confiamos en su fidelidad. Aprendemos a depender de Él. Se nos recuerdan nuestras limitaciones humanas y nuestra gran necesidad de Dios y su gracia.

Sin embargo, esperar en el Señor no significa que no hagamos nada. No es como estar sentado en la sala de espera del consultorio del médico, sin hacer nada o jugando interminables partidas de solitario. Existe la espera activa. Mientras esperamos, clamamos al Señor en oración (Salmo 40:1). Esperamos en su Palabra (Salmo 130:5). Nuestro corazón cobra valor (Salmo 27:4, NVI®). Seguimos avanzando en nuestro llamado como padres, enseñando y capacitando a nuestros hijos en la Palabra de Dios. Seguimos guiándoles en el evangelio. Seguimos mostrándoles a su Padre que está en los cielos. Como labradores, cuidamos de nuestro huerto y esperamos que el Señor traiga la cosecha.

Al analizar las características de la paciencia en este capítulo, espero que hayas reflexionado sobre la paciencia de tu Padre contigo. Que su paciencia le dé forma a tu paciencia con tus hijos.

Preguntas para discusión

1. ¿Cómo te ha mostrado el Padre la paciencia en tu vida?

2. Lee Romanos 8:18-25 y Santiago 5:7-11. ¿De qué manera la paciencia es una característica de la vida cristiana, en especial mientras esperamos la venida de Cristo?

3. Lee Proverbios 15:18; Eclesiastés 7:9; Efesios 4:2-3. ¿Cómo debemos responder ante los demás?

4. Lee Colosenses 3:12-13. ¿Cuál es la fuente de nuestra paciencia?

5. ¿Qué aspectos de la crianza de los hijos te resultan más frustrantes, en los que te cuesta tener paciencia con ellos? ¿A qué crees que se debe?

6. La paciencia y la espera van de la mano. ¿Qué puedes hacer mientras esperas que el Señor obre en la vida de tus hijos?

7. ¿Cómo puedes transmitirles hoy a tus hijos la paciencia de tu Padre?

La oración de un padre

Padre celestial, vengo ante ti con un corazón presto para la impaciencia. Nunca he sabido esperar bien. Me frustra la inmadurez. No me gusta tener que recordarles a mis hijos algo que aprendieron hace tiempo. Sin embargo, recuerdo tu gran paciencia conmigo. Tú plantaste la semilla de fe en mi corazón y la nutriste hasta llegar a convertirse en una pequeña planta. Tú le echaste agua y la alimentaste. La protegiste de las tormentas de la vida. Y ahora continúas pacientemente viéndome crecer y producir fruto. Ayúdame a recordar tu gran paciencia conmigo, y que esto le dé forma a mi manera de reaccionar con mis hijos mientras crecen.

En el nombre de Jesús. Amén.

9

DIOS AMA A SUS HIJOS

Te amo.

Son solo dos palabras pequeñas, ¡pero qué poderosas pueden ser! En nuestra familia son muy importantes. Son fundamentales y esenciales en nuestra relación los unos con los otros. No las guardamos para ocasiones especiales, como la tarta y el helado del que disfrutamos en los cumpleaños. Más bien son como el pan y la mantequilla, el alimento básico y esencial para corazones hambrientos.

Mi esposo y yo nos decimos estas palabras el uno al otro y a nuestros hijos todos los días. Fue algo intencional desde que nos casamos. Después de todo, mi esposo aprendió a los trece años lo frágil y preciosa que es la vida cuando su padre murió de repente. En cuanto a mí, no recuerdo haberlas oído en mi familia hasta que murió mi abuela cuando yo cursaba el bachillerato. *Sabía* que me amaban; solo que no eran palabras que se decían en mi familia. No obstante, nosotros también aprendimos que las palabras que no se dicen pueden dejarnos llenos de remordimientos. No supe cuánto mi corazón las anhelaba hasta que mi abuelo me las dijo por primera vez. El tiempo se detuvo por un momento mientras saboreaba las palabas como un trozo de mi chocolate negro favorito. Quería que el momento durara lo más posible. Fue una experiencia crucial en mi adolescencia que suplió una necesidad humana básica: La necesidad de saber que me amaban y apreciaban. Que era importante. Que me aceptaban y valoraban sin importar nada más.

Sin embargo, el amor es más que palabras. Palabras que no tienen significado alguno si no tratamos a otros con amor, si no *demostramos* el amor con nuestras acciones. Este capítulo está al final del libro por un motivo. Todas las características de las que hablamos hasta ahora nos guían y nos señalan el gran amor del Padre para nosotros. La estructura, las barreras, la instrucción, la disciplina, la provisión y la paciencia de Dios para con sus hijos tienen sus raíces en su amor perfecto. En este capítulo hablaremos del amor de Dios por nosotros y cómo ese amor le da forma a nuestro amor por nuestros hijos.

¿Qué es el amor?

El amor es algo de lo que la gente habla todo el tiempo. Se entonan canciones al respecto. Las películas giran en torno a él. Incluso hay un día festivo dedicado al amor. Sin embargo, cuando la gente usa la palabra «amor», ¿qué significa? En nuestra cultura, la palabra «amor» casi siempre se refiere a un sentimiento. Es una emoción que lo abarca todo, casi como un poder en sí mismo que debe seguirse y obedecerse. Las canciones y las películas nos instan a «seguir a nuestro corazón» a dondequiera que nos lleve; sin embargo, muy a menudo, el sentimiento es temporal y pasajero. Para muchos, el amor viene y va como las olas del mar. Una vez que pasa la emoción, también lo hace la relación. La gente se enamora y desenamora como el verano que se convierte en otoño. Esto no solo sucede con las relaciones románticas, pues muchos también tienen relaciones tensas y hasta rotas con familiares y amigos. Al pasar de los años sin contacto, muchos ni siquiera recuerdan lo que causó la división.

La palabra «amor» se usa también para cosas triviales como la comida, las experiencias y los equipos de deportes. No sé tú, pero cuando tomo una buena taza de café, lo alabo y exclamo mi amor por él. Hablamos de amar un viaje al extranjero, la última película taquillera o nuestra última edición del teléfono inteligente. A menudo lo que queremos decir es que es algo que disfrutamos de veras; por lo que nos sentimos apasionados. En cambio, no pasa mucho tiempo antes de que nuestro amor por estas cosas se desvanezca, solo para reemplazarlas con algo nuevo y mejor. ¡Cuán voluble es el amor de la humanidad, tanto por las cosas como por las personas!

La Biblia usa la palabra «amor» de manera diferente a nuestro mundo. Cuando habla del amor, no se refiere a un sentimiento temporal, sino a una acción. El amor bíblico no es fugaz, sino eterno. No depende de lo que la otra persona haga o no haga, pues es incondicional. No se enfoca en lo que recibe de otros, sino en lo que les podemos dar. El pasaje más famoso de la Biblia sobre este tema describe que el amor es «paciente, es bondadoso; el amor no tiene envidia; el amor no es jactancioso, no es arrogante; no se porta indecorosamente; no busca lo suyo, no se irrita, no toma en cuenta el mal recibido; no se regocija de la injusticia, sino que se alegra con la verdad; todo lo sufre, todo lo cree, todo lo espera, todo lo soporta»

(1 Corintios 13:4-7). A menudo se leen estas palabras en las bodas. Para mi boda, se imprimieron en las invitaciones en ese color vino que fue tan popular durante la década de 1990. Este pasaje revela que el amor es más que un sentimiento. Es acción comprometida a favor de otro.

No obstante, la Biblia tiene más que decir acerca del amor. Nos dice que el amor se originó en Dios; Él es la fuente del amor. Es más, nos enseña que Dios es amor (1 Juan 4:8, 16). A través de todas las páginas de la Escritura leemos la profundidad del amor de Dios por nosotros. Algunos describen la Biblia como la historia del amor de Dios por su pueblo. En cuanto al tema de este libro, el amor de Dios por nosotros es lo que transforma y moldea nuestro amor por los demás, incluidos nuestros hijos.

Para entender el amor, tenemos que comenzar en la fuente: Dios mismo.

El gran amor de Dios por nosotros

La iglesia primitiva se enfrentó a una serie de verdades teológicas que hoy damos por sentadas. En los primeros siglos después de la ascensión de Cristo, los padres de la iglesia se reunieron en concilios para discutir las enseñanzas de la Biblia sobre diversas doctrinas, incluida la naturaleza de Cristo. Lo que hoy entendemos como la Trinidad se desarrolló durante esas reuniones y en los escritos posteriores de los padres.

San Agustín fue uno de esos primeros padres de la iglesia que ayudaron a la iglesia a comprender mejor la Trinidad a través de su obra *La Trinidad*. En su largo tratado, fue el primero en describir la Trinidad como una relación de amor entre las tres personas de la deidad. La Biblia nos enseña que Dios es amor. Como el amor involucra una relación, Agustín dedujo que Dios debe ser parte de una relación. Sostuvo que debido a que Dios es perfecto, su amor también debe ser perfecto; y como solo Dios es perfecto, debe amarse a sí mismo[1]. Además, para que Él se ame a sí mismo, debe tener una concepción de sí mismo: el Hijo, que es la imagen exacta de sí mismo. Agustín enseñó que el Espíritu Santo también participa de ese amor; el Espíritu es el amor que procede del Padre y del Hijo y los une.

Esta explicación de la Trinidad como una relación de amor mutuo nos ayuda a entender que en Dios se origina el amor. Dios el Padre, Dios el Hijo y Dios el Espíritu Santo han existido por la eternidad en una relación de amor perfecto. Esta relación trina era completa y no le faltaba nada. Por toda la eternidad, nuestro Dios Trino ha existido en una relación de amor mutuo donde cada miembro de la deidad honra, glorifica, sirve y valora a los otros dos. Al crear a la humanidad, Dios nos invitó a unirnos a esta gloriosa relación, a participar y disfrutar de una dulce comunión con el Dios del universo.

El predicador puritano Jonathan Edwards ilustró esta verdad en su descripción del cielo como el núcleo del amor de Dios. «Allí, incluso en el cielo, habita el Dios de quien procede cada corriente de amor santo, sí, cada gota que existe o que alguna vez existió»[2]. Describe el amor de nuestro Dios trino como una fuente inagotable que derrama amor, y luego se vierte en un océano de amor, donde los redimidos se bañan con gran gozo. Describió de esa manera el amor del uno por el otro: «Allí habita Dios el Padre, Dios el Hijo y Dios el Espíritu Santo, unidos como uno en un amor infinitamente precioso, incomprensible, mutuo y eterno»[3], y de Cristo, la expresión de ese amor: «Allí vive el gran Mediador a través del cual se expresa todo el amor divino hacia los hombres, quien compró y manifestó los frutos de ese amor, y a través de quien se imparte el amor a los corazones del pueblo de Dios»[4]. ¿No es maravilloso? Pensar en el amor santo y perfecto compartido entre el Padre, el Hijo y el Espíritu Santo que se nos ha dado, compartido con nosotros, viviendo en nosotros. Pensar en ese amor tan profundo y ancho como el océano. ¡Qué maravilla! Es difícil para nuestra mente comprenderlo, pero tendremos una eternidad para hacerlo.

El cuadro que nos pinta Edwards del amor de Dios se refleja en la Escritura. La Biblia nos dice que Dios es amor. Esto no significa que *solo* es amor, pues la Biblia también nos dice que es santo, justo, misericordioso y verdadero. Lo que significa es que el amor es una parte integral del carácter de Dios; no podemos hablar acerca de sus atributos separados de su amor. Dios es el principio, la fuente y el arroyo de amor. El amor que la Trinidad comparte siempre ha existido (Juan 17:20-26). La Biblia nos dice que Dios nos escogió en amor antes de que el mundo existiera (Efesios 1:4-5). Solo piensa por un momento: nuestro Dios trino pensó en nosotros, nos amó, y nos escogió mucho antes del primer amanecer, y mucho antes del día de nuestro nacimiento.

Dado que Dios es la fuente del amor, no podemos saber qué es el amor sin Él. Es quien lo define, lo expresa y lo comparte con nosotros. Así que, cuando queremos saber qué es el amor, nos fijamos en quién es Dios y en lo que ha hecho. Aquí tienes algunas cosas que la Biblia nos dice acerca de Dios y su amor:

- El amor de Dios está arraigado en su pacto de amor por su pueblo (Isaías 54).
- El amor de Dios es inagotable (Salmo 86:15, NTV).

- Dios es la fuente y el iniciador del amor por nosotros (1 Juan 4:16; Romanos 5:8).
- Dios nos amó cuando no lo amábamos a Él (Efesios 2:4-5).
- El amor de Dios por nosotros se demostró al dar a su Hijo para morir por nuestros pecados (Juan 3:16; 1 Juan 4:9-10).
- Dios el Padre nos ama tanto como al Hijo (Juan 17:23).
- En el amor de Dios, somos hijos suyos (1 Juan 3:1).
- El amor de Dios es insondable (Efesios 3:18-19).
- El amor de Dios mora en nosotros por medio del Espíritu Santo (Romanos 5:5).
- Nada nos puede separar del amor de Dios (Romanos 8:38-39).
- El amor de Dios nos cambia y nos transforma (Ezequiel 36:26; 2 Corintios 5:17).

Este capítulo ni siquiera puede comenzar a explorar todo lo que la Biblia nos dice sobre el amor de Dios. Si este es un tema que no has explorado antes, te recomiendo que lo estudies.

Cuando me detengo a considerar el gran amor de Dios, no puedo evitar responder con asombro y maravilla. En palabras de Charles Wesley: «¡Oh, maravilla de su amor, / por mí murió el Salvador!»[5].

Nuestro amor por otros

Como aprendimos, los indicativos de las Escrituras informan los imperativos. Las verdades que nos dicen quién es Dios y lo que ha hecho por nosotros en Cristo son lo que sustenta nuestra respuesta a Él. Estas verdades le dan forma a nuestra vida. Nos informan sobre cómo nos relacionamos con los demás.

Esto significa que amamos a otros *porque* Dios nos amó primero. Amamos a otros *por* el amor que Dios tiene por nosotros. Amamos *como* Dios nos ha amado.

Al apóstol Juan se le conoce como el discípulo que Jesús amó. En sus cartas, escribió en profundidad acerca del amor de Dios por nosotros y cómo esto le da forma a nuestro amor por otros: «Amados, si Dios así nos amó, también nosotros debemos amarnos unos a otros» (1 Juan 4:11). El mayor acto de amor (el sacrificio que Jesús hizo por su pueblo en la cruz) es el estímulo de nuestro amor por los demás. Debido a que Dios nos amó primero, sabemos cómo amar a otros. Separados del amor de Dios no podemos amar a otros de verdad. A causa de nuestra naturaleza pecaminosa, somos criaturas egoístas. Buscamos nuestro propio interés por encima de los de otros. Les damos lugar a la ira y al resentimiento contra los demás. Hasta cuando hacemos algo bondadoso por otros, nuestros motivos son impuros, manchados por el pecado. Sin embargo, debido a que conocemos a Dios y hemos experimentado su amor por nosotros en Cristo, amamos a otros. Conocemos las profundidades de nuestro pecado y la gran distancia que Dios recorrió para rescatarnos y hacernos sus hijos. Conocemos el amor sacrificial de Cristo por nosotros. Sabemos cuánto se nos ha perdonado y lo que costó comprar ese perdón. Podemos amar a otros porque Dios nos amó primero.

Como creyentes, tenemos el Espíritu de Cristo morando dentro de nosotros. Experimentamos el amor de Dios cuando el Espíritu nos consuela, nos guía y nos enseña. Él derrama lluvias de amor y gracia sobre nosotros. Nos santifica para hacernos más semejantes a Cristo. Nos recuerda la Palabra de Dios y la aplica a nuestro corazón. Mientras más cedemos a su obra en nosotros, más somos formados y transformados por su amor. Por la obra del Espíritu en nosotros, podemos amar a otros como Dios nos amó a nosotros. Jesús le llamó a esto permanecer en Él (Juan 15). Juan escribió: «Si nos amamos unos a otros, Dios permanece en nosotros y su amor se perfecciona en nosotros» (1 Juan 4:12). Como una rama que permanece en la vid, nosotros estamos unidos a Cristo por fe. Todo lo que Él tiene es nuestro. Cuando permanecemos en Él, se nos alimenta como la rama lo hace de la vid. Crecemos, florecemos y damos el fruto del amor. Entonces, amamos a otros por el amor que recibimos de Dios.

También amamos a Dios como nos amó Él. La vida y la muerte de Jesús son la medida y el modelo para nuestro amor hacia los demás. Jesús nos enseñó lo que es el amor. Nos instruyó a poner a otros primero, a honrarlos, a servirlos. Él enseñó y demostró cómo perdonar a los demás. En sus interacciones con los demás, Jesús nos mostró cómo mirar más allá de las cosas externas y hacerlo hacia el corazón. También explica que el amor es sacrificial. Nos mostró cómo amar al que es difícil de amar, cómo amar a nuestros enemigos y cómo amar hasta la muerte. El amor cristiano está definido por el Dios del amor. Amamos a los demás de la misma manera que somos amados.

Como vimos en este breve análisis del amor de Dios, Él nos ama con un inmenso amor. Es un amor unidireccional, iniciado por Él. No se basa en nada de lo que hayamos hecho. Él puso su amor en nosotros en la eternidad pasada y nos hizo suyos a través de la muerte de su Hijo. Es un amor que nadie nos puede quitar. Es eterno. Es firme y seguro. Y todo se transforma a medida que Él obra en nosotros a través de su Espíritu para renovarnos. La pregunta es: ¿cómo podemos transmitirles a nuestros hijos este amor que nos tiene el Padre?

Cómo reflejarles la imagen de Dios a nuestros hijos

He amado a mis hijos desde el momento en que vi la confirmación en la prueba de embarazo. En ese momento todo cambió. Comencé a pensar en la vida que quería para ellos, qué clase de madre quería ser y cómo sería nuestra vida como familia. Recuerdo que traté de visualizar cómo serían. ¿Qué características físicas heredarían de mi esposo? ¿De mí? Fue un gozo prepararles su cuarto, ya que me imaginaba acunándolos, leyéndoles cuentos antes de dormir o jugando en el suelo. Me pasaba horas sentada en la mecedora orando por ellos. Y mientras esperaba su llegada, me veía haciendo el papel de la Mamá Osa, haciendo todo lo que el médico me indicaba para protegerlos y mantenerlos a salvo, ¡un papel en el que sigo hoy!

Ya sea que esperaras nueve meses o más para que llegara tu hijo, o que esperaras meses de trámites de adopción, entrevistas y aprobaciones, también amabas a tu hijo antes de conocerlo. Sin embargo, como todos sabemos, debido a que somos pecadores caídos, el amor no siempre es fácil. No siempre amamos como debemos. Algunos de nosotros no hemos tenido un amor paternal sano, y aunque amamos a nuestros hijos, nos resulta difícil demostrarlo. Exploremos algunas características importantes del amor y algunas maneras prácticas de amar a nuestros hijos como nos ama Dios.

El amor incondicional

Cuando nuestros niños eran pequeños, les leíamos un libro ilustrado llamado *I'll Love You Anyway and always* [Te amaré siempre y de cualquier manera], de Bryan Chapell[6].

En la historia, una niña pequeña hace algo malo y su padre le enseña que la ama, aun cuando pecó. Después de leer la historia, cada vez que nuestros hijos hacían algo malo y teníamos que corregirlos, les recordábamos que los amábamos «siempre y de cualquier manera».

El amor de Dios por nosotros es incondicional. Y nosotros representamos su amor cuando amamos a nuestros hijos de manera incondicional.

Uno de los errores de nuestra cultura acerca del amor está en su naturaleza transitoria. Amamos algo o a alguien solo hasta que llega algo mejor. Amamos hasta que no tenemos ganas de amar. Amamos solo cuando la otra persona hace lo que nos gusta. En cambio, el amor de Dios por nosotros es diferente. Es incondicional. Y nosotros representamos su amor cuando amamos a nuestros hijos de manera incondicional.

Y quizá pienses: «¡Por supuesto que amo a mis hijos de manera incondicional!». Sin embargo, hay momentos en los que podemos, sin darnos cuenta, añadirle condiciones a nuestro amor. Nuestros hijos perciben y reciben nuestro amor como condicional. Crecen pensando que los amamos y aceptamos solo cuando se comportan como es debido, cuando se ven de cierta manera o cuando se desempeñan a cierto nivel. Aprenden esto cuando los criticamos o señalamos sus defectos. Nuestros hijos aprenden a asociar el amor con el comportamiento cuando ven que los tratamos de manera diferente o los comparamos con un hermano que los supera de alguna manera. También perciben que el amor es condicional cuando hacemos hincapié en lo externo y cuando observan que damos prioridad a lo que los demás piensan de nosotros: cuando respondemos con ira debido a que nos avergonzaron de alguna manera delante los demás. Experimentan nuestro amor como condicional cuando los avergonzamos por no estar a la altura.

En cambio, nuestros hijos necesitan saber que se les ama pase lo que pase. Incluso cuando fracasan. Incluso cuando no se desempeñan como otros niños. Incluso cuando se portan mal. Como padres, debemos comunicar, tanto de palabra como de obra, que amamos a nuestros hijos pase lo que pase, de cualquier manera y siempre.

El amor en el afecto

Una de las formas en que mostramos amor y cuidado por los demás es a través de nuestro afecto. Abrazamos a quienes nos importan. Pasamos el brazo por el hombro de quien está triste. Tomamos la mano de otra persona para mostrar apoyo y solidaridad, o por seguridad. Mostrar el amor a través del toque es un elemento importante en nuestra relación con nuestros hijos. Cuando un bebito nace, los médicos animan a los nuevos padres a sostenerlos piel con piel, pues el toque es un elemento importante para el desarrollo del bebé y su apego a sus padres.

Lore Wilbert escribe acerca del ministerio del toque físico en su libro *Handle With Care* [Manéjese con cuidado]. Ella describe cómo el toque puede ser dañino o sanador. Como sabemos, hay mucho toque dañino en nuestro mundo. El abuso que los niños reciben de manos de sus padres deja heridas duraderas. Sin embargo, el toque también puede traer sanidad a los que sufren. Wilbert destaca el ministerio del toque de Jesús en las vidas de quienes ministró, como la mujer del flujo de sangre, la niña que resucitó y los niños que bendijo: «cuando fue movido a compasión, Jesús *tocó*»[7].

La gente tiene varios niveles de comodidad con el toque físico y esto no es diferente con nuestros hijos. Algunos niños parecen abrazar por naturaleza, otros no tanto. Algunos niños con necesidades especiales pueden resistirse por completo al toque. No tenemos que asfixiar a nuestros hijos con abrazos si no lo prefieren. Podemos mostrarles afecto alborotándoles el cabello, pasándole el brazo por el hombro o dándoles palmaditas en la espalda. Podemos tomarles la mano y mirarlos a los ojos cuando hablamos con ellos. Podemos chocar los cinco, los puños o los codos con nuestro hijo adolescente, a quien no le gustan los abrazos. Somos personas de carne y hueso, y cuando mostramos el amor a través del tacto adecuado, eso nos reconforta y nos agrada. Demuestra nuestro amor.

El amor en las palabras

Las palabras son importantes y hablan al corazón y al alma de otra persona. Pueden edificar y destruir. Pueden consolar y causar dolor. Pueden empoderar o debilitar. Pueden guiar o descarriar. «Panal de miel son las palabras amables: endulzan la vida y dan salud al cuerpo» (Proverbios 16:24, NVI®). «Eviten toda conversación obscena. Por el contrario, que sus palabras contribuyan a la necesaria edificación y sean de bendición para quienes escuchan» (Efesios 4:29).

Dios nos habla por la Biblia y sus palabras nos dan vida. La Escritura nos habla del gran amor de Dios por nosotros en Cristo. Sus palabras son activas y vivas. Tienen el poder de llegar hasta la médula del corazón y revelar pecados secretos y traerlos a la luz. Sus palabras santifican y transforman. Son el pan nuestro de cada día, que alimenta nuestra alma.

Reflejamos la imagen de Dios cuando usamos nuestras palabras para edificar y animar a nuestros hijos. Esto lo hacemos cuando les decimos que los amamos y atesoramos. Le reflejamos cuando usamos las palabras para enseñar y educar en la justicia y señalar, maravillados, la belleza de todo lo que Dios ha creado. La próxima vez que salgas a caminar con tu hijo, dedica un momento para detenerte y mirar la mariposa que revolotea en el aire o el insecto curioso que se arrastra por el suelo. Hablen de la maravilla de la creación de Dios, y cómo el mismo Dios que creó la mariposa creó a tu hijo. ¡Cuán maravillosas son sus obras! También reflejamos a Dios cuando hablamos la verdad y cuando les señalamos la mayor verdad de todas: las buenas nuevas de Jesucristo.

El amor en acción

El amor no solo son palabras; también es acción. Dios no solo nos dice que nos ama, lo demuestra. El famoso pasaje en 1 Corintios 13 no solo nos dice cómo es el amor, también describe el amor de Dios por nosotros. Y al igual que Dios, nosotros demostramos amor cuando somos pacientes y bondadosos. Demostramos el amor cuando somos desinteresados y sacrificiales, cuando sacrificamos tiempo, energía y recursos por nuestros hijos. Revelamos nuestro amor cuando somos tiernos y bajamos a su nivel, cara a cara, y escuchamos sus quejas. Demostramos nuestro amor cuando leemos la misma historia a la hora de dormir cada noche; cuando preparamos sus comidas; cuando consolamos sus dolores y cuando jugamos su juego favorito. En todas estas maneras y más, amamos como nos ama el Padre.

Cada vez más mis hijos se van dando cuenta de los sacrificios que mi esposo y yo hacemos por ellos. Saben cuánto tiempo pasamos llevándolos a la escuela, a los juegos o los eventos. Han mostrado ser conscientes de cuánto cuesta que puedan tener experiencias amenas o les compremos bienes materiales. Lo sé porque muestran su aprecio y expresan su gratitud por lo que hemos hecho por ellos. ¡Hasta me agradecen cuando les traigo de la tienda algo que necesitan!

La inversión que hagas de tiempo, recursos y energía en favor de tus hijos dará sus frutos, tanto en tu propio corazón como en el de tus hijos. Conocerán tu amor y el del Padre a través de tus acciones.

El amor por el bien

En nuestra familia, cuando alguien no sabe hacer algo, no nos limitamos a hacer la tarea en su lugar, sino que le enseñamos cómo hacerlo. Mi esposo hace esto a menudo con los chicos cuando algo se rompe en casa. En vez de repararlo él, les enseña cómo repararlo. Así han aprendido a arreglar inodoros, herramientas, autos y otros artículos del hogar. A veces, si él mismo no sabe cómo reparar algo, los anima a ellos a investigarlo. ¡Creo que el más pequeño es experto en configurar la impresora de la computadora!

Yo también lo hago cuando tienen que escribir una composición o un documento de investigación. En vez de darles las palabas que escribir, les ayudo a pensar en el propósito del escrito, lo que quieren comunicar y varias palabras que pueden usar para expresar sus pensamientos. Hablamos juntos del proceso de escribir. Con el tiempo, su confianza en escribir ha crecido.

Estoy segura de que mis hijos preferirían que hiciéramos las cosas a la manera fácil. Me imagino que preferirían que hiciéramos las cosas *por* ellos, pero al final estas lecciones son para su bien. Aprenden habilidades que necesitan para el futuro. Están equipados para funcionar por su cuenta. De igual manera, Dios nos ama por nuestro bien. Solo hace por nosotros lo que más necesitamos. A veces no nos da lo que le pedimos, sino solo lo que necesitamos. Lo hace por amor a nosotros, para que crezcamos y nos reformemos para reflejar a Cristo.

Como padres, también necesitamos amar a nuestros hijos por su bien. Esto puede significar no comprarles el último juguete porque queremos que aprecien los que tienen. Puede significar no inscribirlos en un equipo o una actividad porque esto representa un conflicto con el tiempo de adorar a Dios. También es por su bien cuando limitamos ciertos programas de televisión, películas o videojuegos, pues sabemos que una vez que algo se ve, no se puede borrar. Nuestro amor por nuestros hijos los protege y los cuida. Los alimenta y los anima. Los equipa y los prepara.

El amor de un padre busca lo mejor para sus hijos. Lo mejor no siempre se enfoca en el hoy y el ahora, sino en el futuro. Amamos a nuestros hijos a la luz de la eternidad, deseando lo mejor para sus almas.

El amor que es difícil

Lucas 15 comienza con las quejas de los fariseos: «Este recibe a los pecadores y come con ellos» (v. 2). Jesús les responde con tres parábolas, la oveja perdida, la moneda perdida y el hijo pródigo. Estas palabras hablan de cómo Dios trata con nuestras tendencias a alejarnos. La parábola del hijo que exige su herencia de su padre y deja el hogar para desperdiciarla es muy conocida. Pronto se empobrece y recuerda la vida que una vez tuvo en su casa. Regresa en humildad y su padre lo está esperando. Es más, ha estado esperando y observando todo el tiempo. Lo recibe, no como siervo, sino como a su querido hijo. No lo colma de vergüenza por sus acciones, sino de amor y afecto. Se regocija por su regreso y hace un banquete para celebrar.

Jesús no enseñó esta parábola para instruirnos en nuestra paternidad. Lo hizo para revelar el corazón de Dios por sus hijos. Es un recordatorio de su gracia generosa. Y es un recordatorio para nosotros de cómo Dios trata con nosotros como Padre. En cuanto a nuestro tema, cuando encontremos dificultades en la crianza de nuestros hijos, recordemos a nuestro propio Padre, que está siempre dispuesto a recibirnos.

En efecto, hay momentos en los que amar a nuestros hijos es difícil. No se trata de que no queramos amar a nuestros hijos, sino que tenemos que amarlos en los momentos difíciles. Discapacidades. Pérdidas. Rebeldía adolescente. Pecados impenitentes. Enfermedades devastadoras. Consecuencias del pecado. Vivimos en un mundo caído en el que a nadie deja de afectarle la mancha del pecado. A veces debemos amar a nuestros hijos en medio de tiempos dificultosos, y ayudarlos a desenvolverse y sufrir circunstancias dolorosas. Yo he tenido que caminar junto a mis hijos a través de fracasos y pérdidas. ¡Ah, con cuánta desesperación quise quitarles el dolor y la pena! Me sentía inútil. Lo único que podía hacer era llorar con ellos. Estas son temporadas difíciles como padre. Aún más difícil es cuando caminamos a su lado cuando se enfrentan a las consecuencias de sus decisiones pecaminosas. En esos momentos, querer protegerlos y rescatarlos de esas consecuencias puede ser la opción por defecto. Sin embargo, a menudo esos son los momentos cuando la gracia de Dios está más activa en su vida y en la nuestra. A veces, tendremos que amar a nuestros hijos desde lejos mientras se resisten a nuestro amor y buscan su propio camino. Mientras tanto, oramos para que el Señor los rescate y los traiga a casa.

Cuando nos enfrentamos a un amor tan difícil, debemos recordar el amor del Padre por nosotros. Nos amó cuando le odiábamos. Nos rescató cuando no queríamos que nos rescataran. Nos compró a un precio que nunca podríamos pagar. El amor en un mundo caído nunca es fácil, pero no amamos a nuestros hijos con nuestras propias fuerzas. Descansamos en el hecho de que el Padre los ama más de lo que nosotros podríamos hacerlo jamás. Su amor es más grande que el nuestro. Debemos confiar en su amor para hacer lo que nosotros no podemos hacer. «[El amor] todo lo sufre, todo lo cree, todo lo espera, todo lo soporta» (1 Corintios 13:7). Sabemos que esto es verdad para nuestro Padre, y que Él permita que lo sea para nosotros también.

Que podamos mostrar el amor de nuestro Padre bueno y perfecto de todas estas maneras y más, en la forma en que amamos a nuestros hijos. Que conozcan el amor de Dios a través de nuestro amor.

Preguntas para discusión

1. Lee 1 Corintios 13:4-7. ¿Cómo describe el amor perfecto de Dios por nosotros?

2. Mira la lista de este capítulo en la que se describe el amor de Dios. ¿Qué es lo que más te llama la atención? ¿Qué aspectos del amor de Dios necesitas conocer mejor?

3. Lee Romanos 12:9-21. Los capítulos anteriores de Romanos nos dicen los indicativos del evangelio. Estos versículos son los imperativos. Debido a que Dios nos amó en Cristo, debido a que tenemos el mismo Espíritu de Dios viviendo dentro de nosotros, ¿cómo debemos tratar a los demás?

4. ¿Por qué es importante decirles y demostrarles a nuestros hijos que los amamos?

5. ¿Has experimentado alguna vez el amor condicional de parte de alguien? ¿Cómo fue la experiencia?

6. ¿Cómo has sentido amor difícil por tus hijos? ¿Qué aspectos del amor de Dios por ti recuerdas en esos momentos?

7. ¿Cómo puedes reflejar hoy la imagen del Padre en tu forma de amar a tus hijos?

La oración de un padre

Padre en los cielos, eres un Dios de amor. Tu amor es perfecto, justo y verdadero. Cuando considero las profundidades de tu amor por mí, me quedo asombrado y maravillado de que amaras a un pecador como yo. Como padre, quiero amar a mis hijos como tú me amaste a mí. Quiero que tu amor le dé forma a mis palabras y a mis acciones. Ayúdame, pues no puedo hacerlo separado de ti. Espíritu Santo, pon en mí el fruto del amor. Ayúdame a amar de manera sacrificial. Ayúdame a amar como me amó Jesús.

En el nombre de Jesús, amén.

CONCLUSIÓN

Al principio de este libro hablé acerca de las preguntas que todos tenemos como padres. La mayoría comienzan con «cómo». Queremos saber cómo responderles a nuestros hijos, cómo hacer que dejen de comportarse de cierta forma, cómo ayudarlos a desenvolverse por las diferentes temporadas de la niñez. A través del libro he tratado de cambiar de «cómo» a «quién»: Quién es Dios como nuestro Padre que nos da forma a lo que somos como padres al reflejarles su imagen a nuestros hijos.

Después de leer estos capítulos, ahora podemos volver al «cómo». Frente a los dilemas de la crianza de nuestros hijos, nos podemos preguntar:

¿Cómo puedo reflejarle la imagen de Dios a mi hijo en esta situación?

¿Cómo puedo reflejarle la imagen de Dios a mi hija cuando está cansada y quejándose durante el viaje al supermercado?

¿Cómo puedo reflejarle la imagen de Dios a mi hijo adolescente, que tiene dificultades para desenvolverse con sabiduría en la cultura contemporánea?

¿Cómo puedo reflejarle la imagen de Dios a mi hijo que tiene dificultades en la escuela? ¿Con amistades?

¿Cómo puedo reflejarle la imagen de Dios a mi hija que ha fracasado en algo que era importante para ella?

¿Cómo puedo reflejar la imagen de Dios cuando mis hijos se resisten a la corrección y tienen un corazón rebelde?

¿Cómo puedo reflejar la imagen de Dios cuando ___________?

Las verdades de cómo Dios nuestro Padre nos educa nos guiarán mientras buscamos responder preguntas como estas. Las respuestas quizá no sean fáciles; incluso pueden ser francamente difíciles. Sin embargo, nuestro Padre nos muestra cómo ser padres en los períodos difíciles, cómo reflejarles el gran amor de Dios a nuestros hijos, un amor sin condiciones. El amor de Dios rescata. Su amor se sacrifica. Su amor llega a grandes extremos. Su amor deja a los noventa y nueve para buscar y salvar al que está perdido. Su amor entregó a su Hijo único para pagar por nuestros pecados. Su amor asegura que perseveremos hasta el final. A fin de demostrarles este amor a nuestros hijos, debemos mantener el amor del Padre al frente de nuestra mente y nuestro corazón. Su amor por nosotros determina cómo amamos a nuestros hijos.

Busca al Padre en oración

Una amiga y yo bromeamos a menudo diciendo que nos hemos dado por vencidas con todas las técnicas de crianza excepto una: *la oración.* Es una broma, pues ambas sabemos cómo hemos tratado de cumplir todos los métodos y reglas de crianza desde temprano en nuestra maternidad. Con el tiempo, aprendimos a dejar de depender de ellos y, en cambio, depender del Señor en oración. Eso no quiere decir que los métodos y las técnicas de crianza no sean útiles; muchos lo son. Cualquiera que sea el método que busquemos debe rendirse ante el Señor, pues solo Él decide los resultados. Necesitamos ser padres desde la humilde dependencia de Dios. Y lo hacemos en la oración.

Buscar al Señor en oración es crucial para los padres. Debemos llevar a nuestros hijos al trono de la gracia, y buscar la ayuda y la gracia de Dios en nuestro tiempo de necesidad. Para nosotros, oramos por fortaleza, sabiduría, perseverancia, paciencia y amor. También haremos oraciones de confesión de pecado y buscaremos el perdón que Cristo compró para nosotros. Debido a que es el Señor el que cambia el corazón, oramos por su obra en nuestros hijos, a fin de que los salve y los transforme. Mientras oramos, le llevamos al Señor todas las inquietudes y preocupaciones que tenemos por nuestros hijos. Y hacemos la oración que nunca falla: *Sea hecha tu voluntad.*

Dios permita que todos estemos prestos a ir al Padre en oración, buscando su ayuda en cada aspecto de la crianza de nuestros hijos.

Busca la sabiduría de otros portadores de su imagen

La comunidad cristiana representa un papel importante en la crianza de nuestros hijos. Hay personas en las iglesias que ya han recorrido este camino por el que andamos nosotros. Conocen los desafíos a los que nos enfrentamos cada día con nuestros hijos. Conocen las preguntas que giran alrededor de nuestra mente cada minuto del día. Saben del dolor y las lágrimas que derramamos por nuestros hijos. Estos experimentados padres han visto a Dios responder a la oración. Han aprendido de sus errores. Han aprendido a reflejar la imagen de Dios mientras criaban a sus propios hijos. Necesitamos que estos hermanos y hermanas nos hablen acerca de sus experiencias. Necesitamos su sabiduría y su ánimo.

Dios nos dio unos a otros en el cuerpo de Cristo para animarnos y equiparnos, a fin de vivir para Él. El apóstol Pablo exhortó a los miembros más avanzados en años a que enseñaran e instruyeran a los miembros más jóvenes (lee Tito 2). Dios permita que podamos buscar a otros padres de modo que nos guíen y dirijan en la crianza de nuestros hijos. Que quienes miramos sean esos cuyas vidas revelen que moran en Cristo. Personas en quienes vemos el fruto del evangelio en sus vidas. Estos hermanos y hermanas estarán menos prestos a darnos una guía paso a paso para criar a los hijos, más bien nos animarán con la verdad bíblica. Son sinceros en cuanto a sus propias debilidades y fracasos, y testifican de la gracia de Dios que obra en ellos. Saben escuchar y muestran compasión por nuestras penas, dolores y temores. Son guerreros de oración que oran con nosotros mientras oramos por nuestros hijos.

Oremos para que el Señor traiga a nuestras vidas mentores como padres que puedan animarnos y exhortarnos a ser la imagen de Dios para nuestros hijos. Consideremos también las formas en que podemos orientar a los padres que nos respaldan en el viaje, esos que están en una temporada de crianza que ya hemos experimentado nosotros.

Procura aplicar el evangelio de la gracia

Como pecadores caídos, todos cometemos errores en la crianza de nuestros hijos. Hacemos y decimos cosas que lamentamos después. No les reflejamos la imagen de nuestro Padre a nuestros hijos. No somos los padres que queremos ser. En momentos como estos, la solución está en mirar al evangelio y apropiarnos de la gracia de Jesucristo. Recordemos la buena nueva: Dios el Padre mandó a Dios el Hijo para vestirse de carne humana y vivir la vida que nosotros no podíamos vivir. Jesucristo vivió una vida perfecta y obedeció a Dios en todo. Enfrentó todas las tentaciones y dolores de la vida en este mundo caído, pero nunca pecó. Entonces, en la cruz, se convirtió en el sacrificio perfecto por nuestros pecados. Llevó sobre sí todo nuestro pecado y pagó la deuda completa. Y debido a que Él no tuvo pecado, la tumba no lo pudo contener y se levantó de entre los muertos, asegurándonos nuestra propia resurrección y el fin de todas las cosas. Entonces, nos dio su Espíritu para vivir dentro de nosotros, transformarnos y renovarnos.

Cuando fracasamos al criar a nuestros hijos, podemos contemplar una vez más el evangelio, llevarle nuestros pecados al Señor y buscar su perdón. Le damos la espalda a esos pecados en arrepentimiento y le pedimos al Señor la gracia para comenzar de nuevo. Limpiarnos y repetir. Este es un hábito que repetiremos durante toda la vida hasta que seamos perfeccionados en gloria.

Padres, permitan que las verdades de cómo el Padre celestial nos trata como hijos, los fortalezcan y animen al criar a sus propios hijos. Que siempre recuerden el gran amor del Padre por ustedes en Cristo. Y que el Espíritu de Cristo les permita reflejarles ese amor a sus hijos.

Preguntas para discusión

1. ¿De qué manera ha animado tu corazón mirar cómo Dios te trata como hijo?

2. ¿Cómo ha cambiado o influido en tu forma de ver la paternidad?

3. De todas las maneras en que les reflejamos a nuestros hijos la imagen de Dios, ¿cuál es la que más te gustaría mejorar en tu propia paternidad?

4. ¿Existen formas adicionales en las que podemos representar a Dios ante nuestros hijos que no se mencionaron en el libro?

5. Piensa en una o dos personas a las que puedas acudir hoy para pedirles su sabiduría como padres. ¿Por qué las escogiste?

6. ¿Cuáles son algunos aspectos de la paternidad que necesitas llevar ante el Señor en oración?

7. ¿Cómo representarás al Padre ante tus hijos hoy?

La oración de un padre

Padre celestial, cuanto más pienso en todas las maneras en que me tratas como hijo, más me maravillo de tu gran amor. Tú eres el Padre perfecto que solo hace lo que es mejor para mí. Ayúdame en mi esfuerzo por reflejarles tu imagen a mis hijos. Te pido que puedan verte a través de mí. Ayúdame a depender de ti y no de mí mismo. Ayúdame a buscar tu sabiduría y no la mía. Ayúdame a confiar en tu gracia. Por favor, trae a mi vida a otros padres que puedan animarme en este viaje.

Te lo pido en el nombre de Jesús, amén.

AGRADECIMIENTOS

Ningún libro se escribe nunca solo. Innumerables personas influyen en el corazón y la vida de un escritor. Por eso siempre me encanta escribir los agradecimientos a quienes oraron por mí y me apoyaron en el proceso de escribir un libro.

Gracias a Trillia Newbell por escuchar mi idea sobre este libro, y su entusiasmo y creencia en su mensaje. Nos conocimos antes de que ninguna de las dos escribiera un libro, y me encanta ver cómo el Señor ha usado lo que ha escrito para su reino. Fue un gozo trabajar con ella en este proyecto y le agradezco la oportunidad. Muchas gracias a Moody Publishers y al equipo por su fe en este proyecto, y por su trabajo editorial para publicarlo. Muchas gracias a mi agente literario, Don Gates. Siempre amable y alentador, así que es un gozo trabajar con él. Estoy agradecida por tener un agente tan apto y digno de confianza, y por su trabajo por mí. Y muchas gracias a Amanda Cleary Eastep y al equipo editorial de Moody por su trabajo en la edición y el acabado del proyecto. ¡Fue un gozo trabajar con ustedes!

Gracias al Dr. Stephen Estock del Comité de Ministerios de Discipulado. Aprecio su ayuda teológica y su aliento en este proyecto.

A mis dos hijos, Ethan y Ian, me siento orgullosa de ser su madre. Gracias por orar siempre por mí. Es un gozo verlos crecer y convertirse en hombres de Dios. Gracias a George, mi esposo por veinticinco años. ¡Es un gozo viajar por la vida juntos!

Y a mis amigas y guerreras de oración: Lisa Tarplee, Holly Mackle, Marilyn Southwick, Sarah Ivill, Amy Nelson, Maryanne Helms. ¡Sus oraciones fieles me han sido de mucho aliento! A las mujeres de mi estudio bíblico de los martes y los miembros de mi grupo de vida, gracias por orar por mí en este proyecto.

A mis lectores, he disfrutado haber podido conocer a muchos de ustedes. ¡Gracias por leer y darme sus maravillosas palabras de aliento!

NOTAS

Capítulo 1: A imagen de Dios

1. Este capítulo no intenta desglosar en detalles todos los aspectos de lo que significa ser portador de una imagen. Hay muchos libros escritos sobre esto y te animo a que estudies el tema más a fondo. Un par de lugares para comenzar son *Made for More,* de Hannah Anderson (Moody, Chicago, 2014) y *Freedom to Flourish: The Rest God Offers in the Purpose He Gives You,* de Elizabeth Garn (P&R Publishing, Phillipsburg, Nueva Jersey, 2021).
2. Sinclair B. Ferguson, *Children of the Living God: Delighting in the Father's Love,* Banner of Truth, Edimburgo, 1989, p. 6.
3. *Ibídem,* p. 7.
4. R.C. Sproul, *La santidad de Dios,* Editorial Unilit, Miami, FL, 1991, p. 71.
5. Hannah Anderson, *Made for More: An invitation to Live in God's Image,* Moody, Chicago, 2014, p. 36.
6. Arthur Pink, *Los atributos de Dios,* Publicaciones Faro de Gracia, Graham, Carolina del Norte, 2020, p. 5.
7. Jen Wilkin, «10 cosas que debes saber sobre los atributos incomunicables de Dios», #2, Biblia.Work, 12 de mayo de 2016, https://www.biblia.work/articulos/10-cosas-que-debes-saber-sobre-los-atributos-de-dios/.

Capítulo 2: Dios, nuestro Padre

1. Michael Erard, «The Mystery of Babies' First Words», *The Atlantic* (Atlantic Media Company, 30 de abril de 2019), https://www.theatlantic.com/family/archive/2019.04.babies-first-words-babblng-or-actual-languate/588289/.
2. J. I. Packer, *Hacia el conocimiento de Dios,* Editorial Unilit, Miami, FL, 1997, pp. 231-232.
3. Sinclair B. Ferguson, *Children of the Living God: Delighting in the Father's Love,* Banner of Truth, Edimburgo, 1989, p. xi.
4. D. Blair Smith, «God the Father: A Name Is More Than a Metaphor», *Tabletalk,* 19 de septiembre de 2018, https://tabletalkmagazine.com/posts/god-the-father-a-name-is-more-than-a-metaphor/.
5. D. Blair Smith, «God the Father and Our Adoption», *Tabletalk,* 14 de noviembre de 2018, https://tabletalkmagazine.com/posts/god-the-father-and-our-adoption/.
6. J.I. Packer, *Hacia el conocimiento de Dios,* p. 234.
7. *Ibídem,* p. 235.
8. Artículo en Twitter por Tim Keller, 23 de febrero de 2015, https:://twitter.com/timkellernyc/status.569890726349307904?lang=en.

Capítulo 3: Dios es coherente

1. Dra. Shelly Vaziri Flais, *Caring for Your School-Age Child: Ages 5-12,* Bantam Books, Nueva York, 2018, pp. 257-270.
2. Esta sección está inspirada en una entrada del blog christinafox.com titulada «For Those Who Struggle with Change», htps://christinafox.com/blog/2018/10/9//for-those-who-struggle-with-change?rq=For%20Those%20Who%20Struggle.
3. James K.A. Smith, *You Are What You Love: The Spiritual Power of Habit,* Brazos Press, Grand Rapids, 2016.
4. *Ibídem,* p. 129.
5. *Ibídem,* p. 130.

Capítulo 4: Dios proporciona límites

1. R. C. Sproul, «Which Laws Apply?», Ligonier, 1 de mayo de 2017. www.ligonier.org/learn/articles/which-laws-apply/.
2. Doy las gracias al pastor Tim Locke por esta información.

Capítulo 5: Dios nos enseña y nos instruye

1. Trillia J. Newbell, *Sacred Endurance: Finding Grace and Strength for a Lasting Faith,* InterVarsity Press, Downers Grove, IL, 2019, p. 145.
2. Paul David Tripp, *La crianza de los hijos: 14 principios del Evangelio que pueden cambiar radicalmente a tu familia,* Publicaciones Faro de Gracia, Graham, Carolina del Norte, 2019, p. 178 (del original en inglés).
3. John Milton, «Of Education», https://www.dartmuth.edu/~milton/reading_room/of_education/text.shtml.

Capítulo 6: Dios nos disciplina

1. «Strong's Greek: 3809», *Bible Hub,* https://biblehub.com/greek/3809.htm.
2. Nancy Guthrie, *Hoping for Something Better,* Tyndale, Carol Stream, IL, 2007, p. 159.
3. Charles Spurgeon, «Chastisement», The Spurgeon Archive, https://archive.spurgeon.org/sermons/0048.php.
4. *Spirit of the Reformation Study Bible: New International Version,* Zondervan, Grand Rapids, 2003, p. 2001.
5. Agradezco el resumen de Nancy Guthrie de estas tres formas de sufrimiento en su libro *Hoping for Something Better,* Tyndale, Carol Stream, IL, 2007, pp. 160-161.
6. Martin Luther: Ninety-five Theses (Latín)—CHRISTIAN Classics ethereal library, https://ccel.org/ccel/luther/theses/theses.ii.html.
7. Paul David Tripp, *La crianza de los hijos,* p. 114 (del original en inglés).

Capítulo 7: Dios nos da lo que necesitamos

1. Don Moen, «Jehovah Jireh», *Give Thanks*, pista 6, Amazon Music Unlimited.
2. D. Martyn Lloyd-Jones, *El Sermón del Monte*, tomo 2, Editorial Peregrino, Ciudad Real, España, 2008, p. 74.
3. *Ibídem*, p. 74.
4. *Ibídem*, p. 80.
5. San Agustín, *Confesiones de San Agustín*, Librodot, 2003, p. 2.

Capítulo 8: Dios es paciente con sus hijos

1. Jonathan Edwards, *El amor y sus frutos: Viviendo a la luz del amor de Dios*, Teología para Vivir, Lima, Perú, 2021, p. 48 (del original en inglés).
2. Tripp, *La crianza de los hijos*, p. 90 (del original en inglés).

Capítulo 9: Dios ama a sus hijos

1. Gerald Bray, *Augustine on the Christian Life: Transformed by the Power of God*, Crossway, Wheaton, IL, 2015, p. 207.
2. Jonathan Edwards, p. 191 (del original en inglés).
3. *Ibídem*.
4. *Ibídem*.
5. *Timeless Truths Free Online Library*, libros, partituras, «And Can It Be?», And Can It Be? > letra, Charles Wesley, https://library.timelesstruths.org/music/And_Can_It_Be/ [en español: «Maravilloso es el gran amor»].
6. Bryan Chapell, *I'll Love You Anyway and Always*, Crossway, Wheaton, IL, 2001.
7. Lore Ferguson Wilbert, *Handle with Care: How Jesus Redeems the Power of Touch in Life and Ministry*, B&H Publishing, Nashville, 2020, p. 18.